Impressum
Verlag: BABADADA GmbH, Nedderfeld 112 , 22529 Hamburg
Geschäftsführer / Verlagsleitung: Harald Hof
Druck: Books on Demand GmbH, In de Tarpen 42, 22848 Norderstedt

Imprint
Publisher: BABADADA GmbH, Nedderfeld 112 , 22529 Hamburg, Germany
Managing Director / Publishing direction: Harald Hof
Print: Books on Demand GmbH, In de Tarpen 42, 22848 Norderstedt

σχολείο
ໂຮງຮຽນ

σχολική τάξη
ຫ້ອງຮຽນ
διαιρώ
ຫານ
186/2
πίνακας
ກະດານ
σχολική αυλή
ເດີ່ນໂຮງຮຽນ
δάσκαλος
ຄູສອນ
χαρτί
ເຈ້ຍ
γράφω
ຂຽນ
στυλό
ປາກກາ
γραφείο
ໂຕະເຮັດວຽກ
χάρακας
ໄມ້ບັນທັດ
βιβλίο
ໜັງສື
μαθητής
ນັກຮຽນ

σχολική τσάντα

ກະເປົາໃສ່ປຶ້ມທີ່ມີສາຍພາຍ

κασετίνα/ μολυβοθήκη

ກັບສໍດໍາ

μολύβι

ສໍດໍາ

ξύστρα

ເຄື່ອງແຫຼມສໍ

γόμα

ຢາງລຶບ

μπλοκ ζωγραφικής

ສະໝຸດແຕ້ມຮູບ

ζωγραφική

ພາບວາດ

πινέλο

ແປງທາສີ

κουτί χρωμάτων

ກ່ອງສີ

ψαλίδι

ມີດຕັດ

κόλλα

ກາວ

τετράδιο ασκήσεων

ປຶ້ມເຝິກຫັດ

εργασία για το σπίτι

ອຽກບ້ານ

αριθμός

ຕົວເລກ

προσθέτω

ບວກ

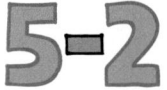

αφαιρώ

ລົບ

πολλαπλασιάζω

ຄູນ

υπολογίζω

ຄິດໄລ່

γράμμα

ຕົວອັກສອນ

αλφάβητο

ພະຍັນຊະນະ

λέξη

ຄຳສັບ

σχολείο - ໂຮງຮຽນ

κείμενο

ຂໍ້ຄວາມ

διαβάζω

ອ່ານ

κιμωλία

ສໍຂາວ

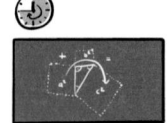

μάθημα

ບົດຮຽນ

εγγράφομαι

ລົງທະບຽນ

τεστ

ການສອບເສັງ

πιστοποιητικό

ໃບຢັ້ງຢືນ

μαθητική στολή

ຊຸດນັກຮຽນ

εκπαίδευση

ການສຶກສາ

εγκυκλοπαίδεια

ປຶ້ມຮວບຮວມຄວາມຮູ້ສາລະພັດ

πανεπιστήμιο

ມະຫາວິທະຍາໄລ

μικροσκόπιο

ກ້ອງຈຸລະທັດ

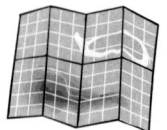

χάρτης

ແຜນທີ່

καλάθι αχρήστων

ກະຕ່າໃສ່ເສດເຈ້ຍ

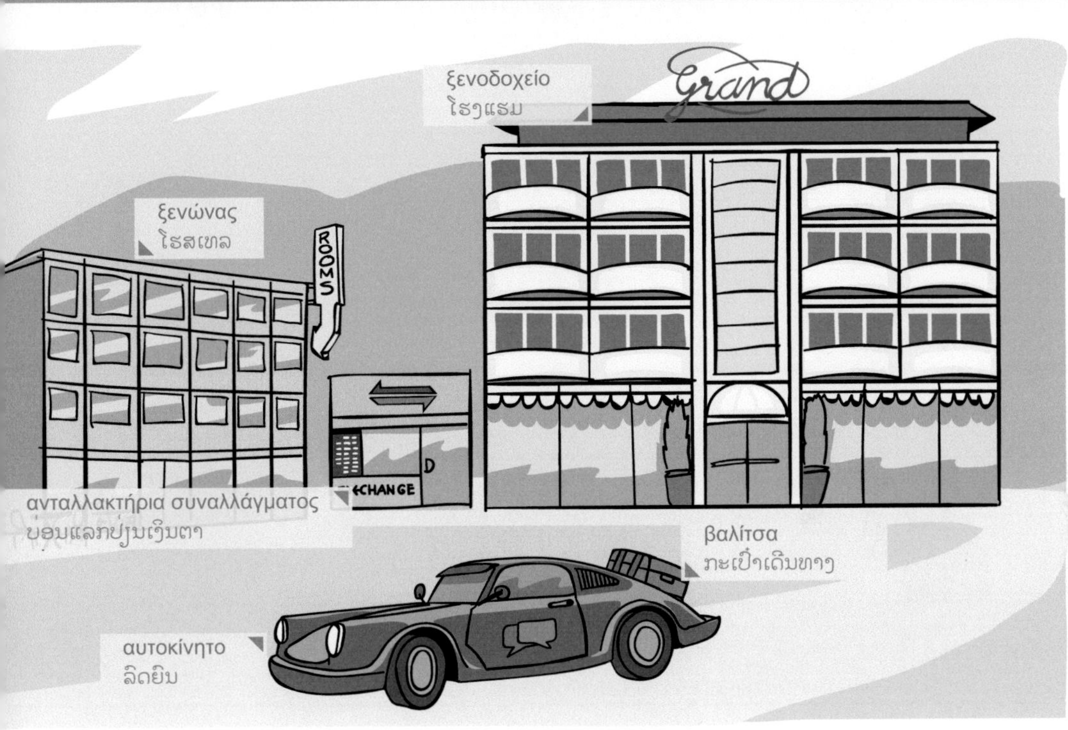

ξενοδοχείο
ໂຮງແຮມ
Grand
ξενώνας
ໂຮສເທລ
ROOMS
ανταλλακτήρια συναλλάγματος
ບ່ອນແລກປ່ຽນເງິນຕາ
βαλίτσα
ກະເປົ໋າເດີນທາງ
αυτοκίνητο
ລົດຍົນ

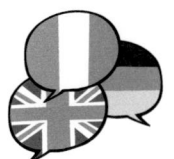

γλώσσα

ພາສາ

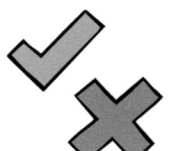

ναι / όχι

ແມ່ນ / ບໍ່ແມ່ນ

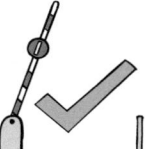

εντάξει

ຕົກລົງ

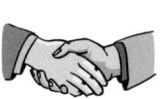

γεια σου

ສະບາຍດີ

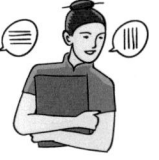

μεταφραστής

ນັກແປພາສາ

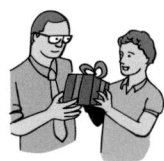

Ευχαριστώ

ຂອບໃຈ

πόσο κάνει ;

ລາຄາເທົ່າໃດ...?

Δε καταλαβαίνω

ຂ້ອຍບໍ່ເຂົ້າໃຈ

πρόβλημα

ບັນຫາ

Καλησπέρα!

ສະບາຍດີຕອນແລງ!

Καλημέρα!

ສະບາຍດີຕອນເຊົ້າ!

Καληνύχτα!

ລາຕິສະທວັດ

Αντίο

ລາກ່ອນ

κατεύθυνση

ທິດທາງ

αποσκευές

ກະເປົາເດີນທາງ

τσάντα

ກະເປົາ

σακίδιο πλάτης

ກະເປົາພາຍຫຼັງ

καλεσμένος

ແຂກ

δωμάτιο

ຫ້ອງ

υπνόσακος

ຖົງໃສ່ເຄື່ອງນອນ

σκηνή

ເຕັ້ນ

τουριστικές πληροφορίες

ຂໍ້ມູນນັກທ່ອງທ່ຽວ

παραλία

ຊາຍຫາດ

πιστωτική κάρτα

ບັດເຄຣດິດ

πρωινό

ອາຫານເຊົ້າ

μεσημεριανό

ອາຫານທ່ຽງ

δείπνο

ອາຫານແລງ

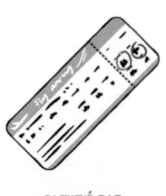

εισιτήριο

ປີ້

ανελκυστήρας

ລິຟ

γραμματόσημο

ສະແຕມ

σύνορα

ພົມແດນ

τελωνείο

ພາສີ

πρεσβεία

ສະຖານທູດ

βίζα

ວິຊາ

διαβατήριο

ໜັງສືຜ່ານແດນ

μεταφορά
ຂົນສົ່ງ

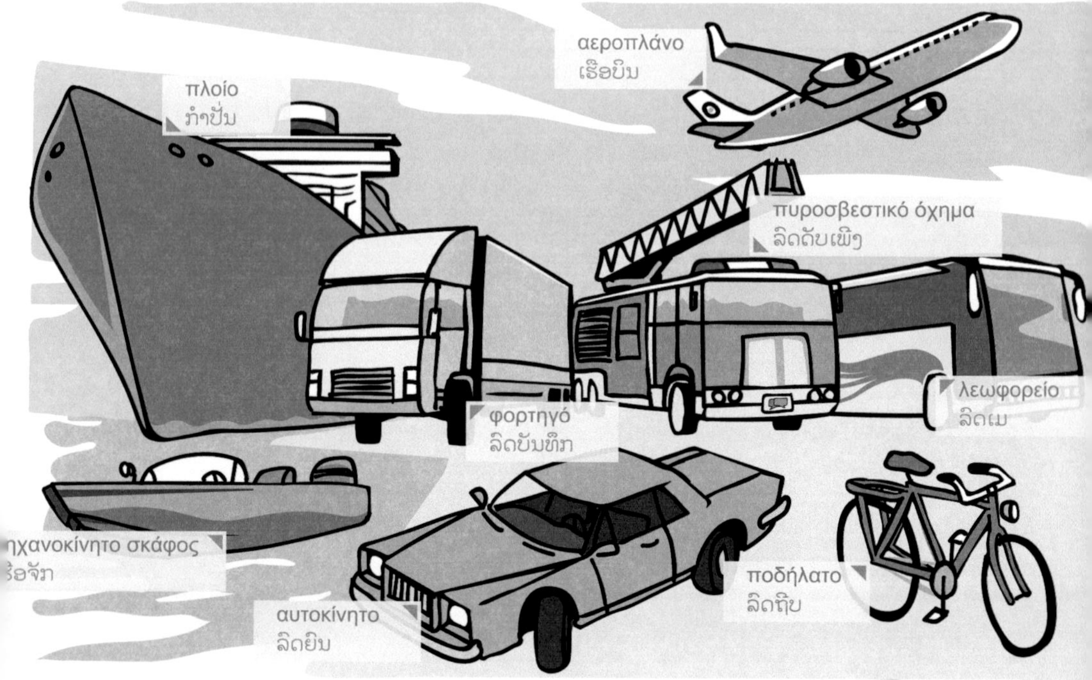
αεροπλάνο
ເຮືອບິນ
πλοίο
ກຳປັ່ນ
πυροσβεστικό όχημα
ລົດດັບເພີງ
λεωφορείο
ລົດເມ
φορτηγό
ລົດບັນທຸກ
ηχανοκίνητο σκάφος
ຮືອຈັກ
ποδήλατο
ລົດຖີບ
αυτοκίνητο
ລົດຍົນ

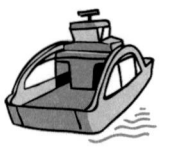

φεριμπότ

ເຮືອຂ້າມຟາກ

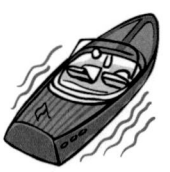

βάρκα

ເຮືອ

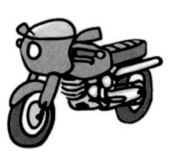

μοτοσικλέτα

ລົດຈັກ

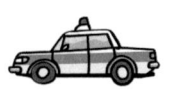

περιπολικό

ລົດຕຳຫຼວດ

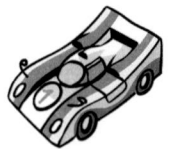

αγωνιστικό αυτοκίνητο

ລົດແຂ່ງ

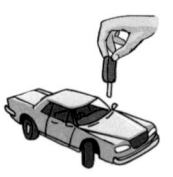

ενοικιαζόμενο αυτοκίνητο

ລົດເຊົ່າ

διαμοιρασμός αυτοκινήτων

ການແບ່ງປັນກັນໃຊ້ລົດ

γερανός

ລົດລາກ

απορριμματοφόρο

ລົດຂົນຂີ້ເຫຍື້ອ

κινητήρας

ເຄື່ອງຍົນ

καύσιμο

ເຊື້ອໄຟ

βενζινάδικο

ປ້ຳນ້ຳມັນ

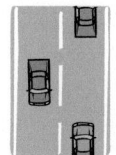

πινακίδα σήμανσης

ປ້າຍຈາລະຈອນ

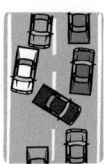

κυκλοφορία

ການຈາລະຈອນ

κυκλοφοριακή συμφόρηση

ການຈາລະຈອນຕິດຂັດ

χώρος στάθμευσης

ບ່ອນຈອດລົດ

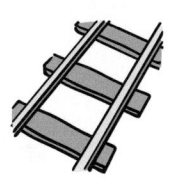

σιδηροδρομικός σταθμός

ສະຖານີລົດໄຟ

σιδηροδρομικές γραμμές

ລາງລົດໄຟ

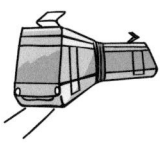

τρένο

ລົດໄຟ

τραμ

ລົດລາງ

βαγόνι

ຕູ້ລົດໄຟ

ελικόπτερο

ເຮລິຄອບເຕີ

αεροδρόμιο

ສະໜາມບິນ

πύργος

ຫໍຄອຍ

επιβάτης

ຜູ້ໂດຍສານ

εμπορευματοκιβώτιο

ຕູ້ບັນຈຸສິນຄ້າ

χαρτοκιβώτιο

ກ່ອງເຈ້ຍ

καρότσι

ລໍ້ລາກ

καλάθι

ກະຕ່າ

απογειώνομαι /
προσγειόνομαι

ເຮືອບິນຂຶ້ນ / ເຮືອບິນລົງຈອດ

πόλη
ເມືອງ

χωριό

ບ້ານ

κέντρο της πόλης

ໃຈກາງເມືອງ

σπίτι

ເຮືອນ

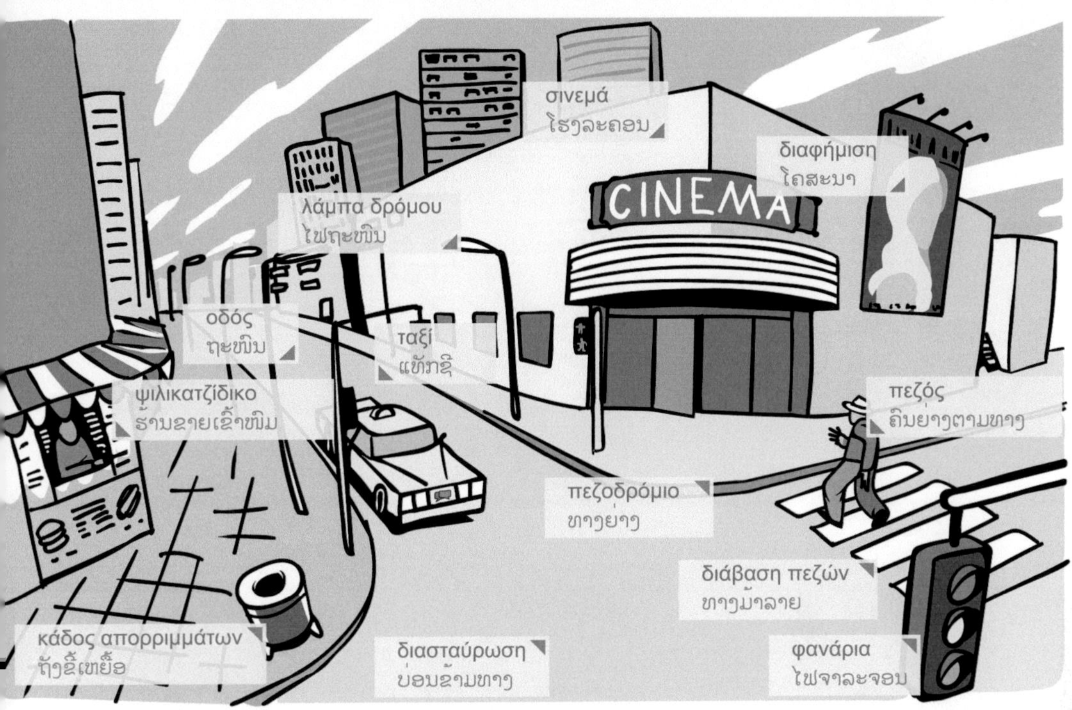

σινεμά
ໂຮງລະຄອນ
CINEMA
διαφήμιση
ໂຄສະນາ
λάμπα δρόμου
ໄຟຖະໜົນ
οδός
ຖະໜົນ
ταξί
ແທັກຊີ
ψιλικατζίδικο
ຮ້ານຂາຍເຂົ້າໜົມ
πεζός
ຄົນຍ່າງຕາມທາງ
πεζοδρόμιο
ທາງຍ່າງ
διάβαση πεζών
ທາງມ້າລາຍ
κάδος απορριμμάτων
ຖັງຂີ້ເຫຍື້ອ
διασταύρωση
ບ່ອນຂ້າມທາງ
φανάρια
ໄຟຈາລະຈອນ

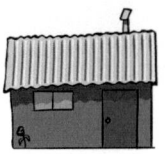

καλύβα

ຕູບ

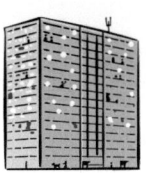

διαμέρισμα

ແຟລດ

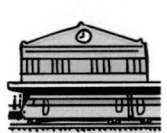

σιδηροδρομικός σταθμός

ສະຖານີລົດໄຟ

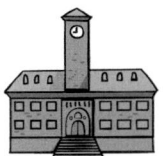

δημαρχείο

ໂຮງການເມືອງ

MUSEUM

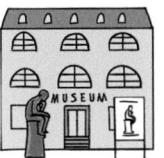

μουσείο

ຫໍພິພິດຕະພັນ

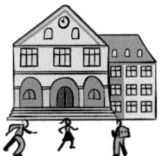

σχολείο

ໂຮງຮຽນ

πανεπιστήμιο

ມະຫາວິທະຍາໄລ

τράπεζα

ທະນາຄານ

νοσοκομείο

ໂຮງໝໍ

ξενοδοχείο

ໂຮງແຮມ

φαρμακείο

ຮ້ານຂາຍຢາ

γραφείο

ຫ້ອງການ

βιβλιοπωλείο

ຮ້ານຂາຍໜັງສື

κατάστημα

ຮ້ານຄ້າ

ανθοπωλείο

ຮ້ານຂາຍດອກໄມ້

σούπερ μάρκετ

ຊຸບເປີມາກເຫັດ

αγορά

ຕະຫຼາດ

πολυκατάστημα

ຫ້າງສັບພະສິນຄ້າ

ιχθυοπωλείο

ຮ້ານຂາຍປາ

εμπορικό κέντρο

ສູນການຄ້າ

λιμάνι

ທ່າເຮືອ

πόλη - ເມືອງ

πάρκο

ສວນສາທາລະນະ

παγκάκι

ແປ້ນມ້າ

γέφυρα

ຂົວ

σκάλες

ຂັ້ນໃດ

μετρό

ລົດໄຟໃຕ້ດິນ

τούνελ

ອຸໂມງ

στάση λεωφορείου

ປ້າຍລົດເມ

μπαρ

ຮ້ານຂາຍເຫຼົ້າ

εστιατόριο

ຮ້ານອາຫານ

γραμματοκιβώτιο

ຕູ້ໄປສະນີ

πινακίδα δρόμου

ປ້າຍຊື່ຖະໜົນ

παρκόμετρο

ມິເຕີເກັບຄ່າຝາກລົດ

ζωολογικός κήπος

ສວນສັດ

πισίνα

ສະລອຍນ້ຳ

τζαμί

ວັດມຸດສະລິມ

αγρόκτημα

ຟາມ

ρύπανση

ມົນລະພິດ

νεκροταφείο

ສຸສານ

εκκλησία

ໂບດ

παιδική χαρά

ເດີ່ນຫຼິ້ນຂອງເດັກນ້ອຍ

ναός

ວັດມຸດສະລິມ

τοπίο
ພູມິປະເທດ

φύλλο
ໃບໄມ້

πινακίδα κατεύθυνσης
ປ້າຍບອກທາງ

δρόμος
ທາງ

λιβάδι
ທົ່ງຫຍ້າ

πέτρα
ກ້ອນຫິນ

δέντρο
ຕົ້ນໄມ້

πεζοπόρος
ນັກເດີນທາງໄກດ້ວຍການຍ່າງ

ποτάμι
ແມ່ນ້ຳ

χορτάρι
ຫຍ້າ

λουλούδι
ດອກໄມ້

κοιλάδα

ຮ່ອມພູ

λόφος

ເນີນເຂົາ

λίμνη

ທະເລສາບ

δάσος

ປ່າ

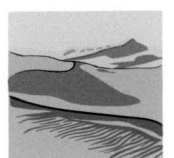

έρημος

ທະເລຊາຍ

ηφαίστειο

ພູເຂົາໄຟ

κάστρο

ຫໍປະສາດ

ουράνιο τόξο

ຮຸ້ງກິນນ້ຳ

μανιτάρι

ເຫັດ

φοίνικας

ຕົ້ນປາມ

κουνούπι

ຍຸງ

μύγα

ແມງວັນ

μυρμήγκι

ມົດ

μέλισσα

ເຜິ້ງ

αράχνη

ແມງມຸມ

σκαθάρι

ແມງປົກແຂງ

βάτραχος

ກົບ

σκίουρος

ກະຮອກ

σκαντζόχοιρος

ເໝັ້ນ

λαγός

ກະຕ່າຍປ່າ

κουκουβάγια

ນົກເຄົ້າ

πουλί

ນົກ

κύκνος

ຫົງ

αγριογούρουνο

ໝູປ່າຕົວຜູ້

ελάφι

ກວາງ

άλκη

ກວາງໃຫຍ່

φράγμα

ເຂື່ອນ

ανεμογεννήτρια

ໜ້າກາປິ່ນ

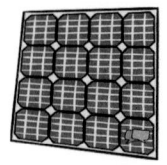

ηλιακός συλλέκτης

ແຜງໂຊລາເຊລ

κλίμα

ສະພາບອາກາດ

εστιατόριο

ຮ້ານອາຫານ

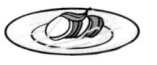

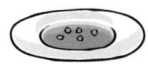

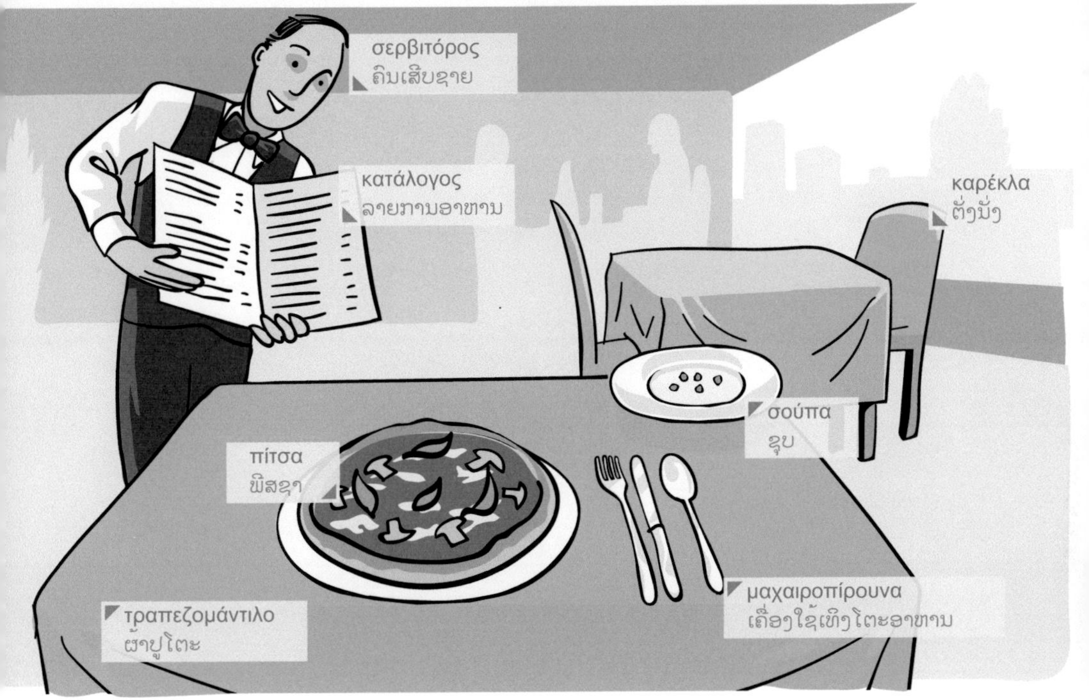
σερβιτόρος
ຄົນເສີບຊາຍ
κατάλογος
ລາຍການອາຫານ
καρέκλα
ຕັ່ງນັ່ງ
σούπα
ຊຸບ
πίτσα
ພີສຊາ
μαχαιροπίρουνα
ເຄື່ອງໃຊ້ເທິງໂຕະອາຫານ
τραπεζομάντιλο
ຜ້າປູໂຕະ

ορεκτικό

ອາຫານເລີ່ມຕົ້ນ

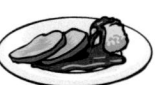

κύριο πιάτο

ອາຫານຈານຫຼັກ

επιδόρπιο

ຂອງຫວານ

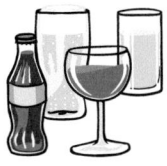

ποτά

ເຄື່ອງດື່ມ

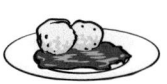

φαγητό

ອາຫານ

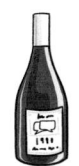

μπουκάλι

ຂວດແກ້ວ

φαστ φουντ

ອາຫານຈານດ່ວນ

φαγητό στ' όρθιο

ຮ້ານຂາຍທາງ

τσαγιέρα

ເຕົ້ານ້ຳຊາ

δοχείο ζάχαρης

ຖ້ວຍນ້ຳຕານ

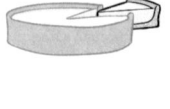

μερίδα

ສ່ວນແບ່ງອາຫານສຳລັບຜູ່ງຄົນ

μηχανή εσπρέσο

ເຄື່ອງຊົງກາເຟເອສເປຣສໂຊ

ψηλή καρέκλα

ເກົ້າອີ້ສູງ

λογαριασμός

ໃບເກັບເງິນ

δίσκος

ຖາດ

μαχαίρι

ມີດ

πιρούνι

ສ້ອມ

κουτάλι

ບ່ວງ

κουταλάκι του τσαγιού

ຊ້ອນຊາ

πετσέτα φαγητού

ຜ້າເຊັດປາກຢູ່ໂຕະອາຫານ

ποτήρι

ຈອກແກ້ວ

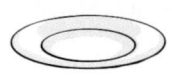

πιάτο

ຈານ

πιάτο σούπας

ຈານຊຸບ

πιατάκι φλιτζανιού

ຈານຮອງ

σάλτσα

ຊອສ

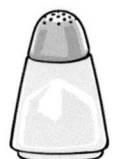

αλατιέρα

ກະປຸກເກືອ

μύλος για πιπέρι

ກະປຸກພິກໄທ

ξύδι

ນ້ຳສົ້ມສາຍຊູ

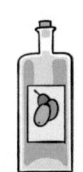

λάδι

ນ້ຳມັນພືດ

μπαχαρικά

ເຄື່ອງເທດ

κέτσαπ

ຊອສໝາກເດັ່ນ

μουστάρδα

ຜັກຈຳພວກຜັກກາດ

μαγιονέζα

ມາຍອນເນສ

σούπερ μάρκετ

ຊູບເປີມາກເກັດ

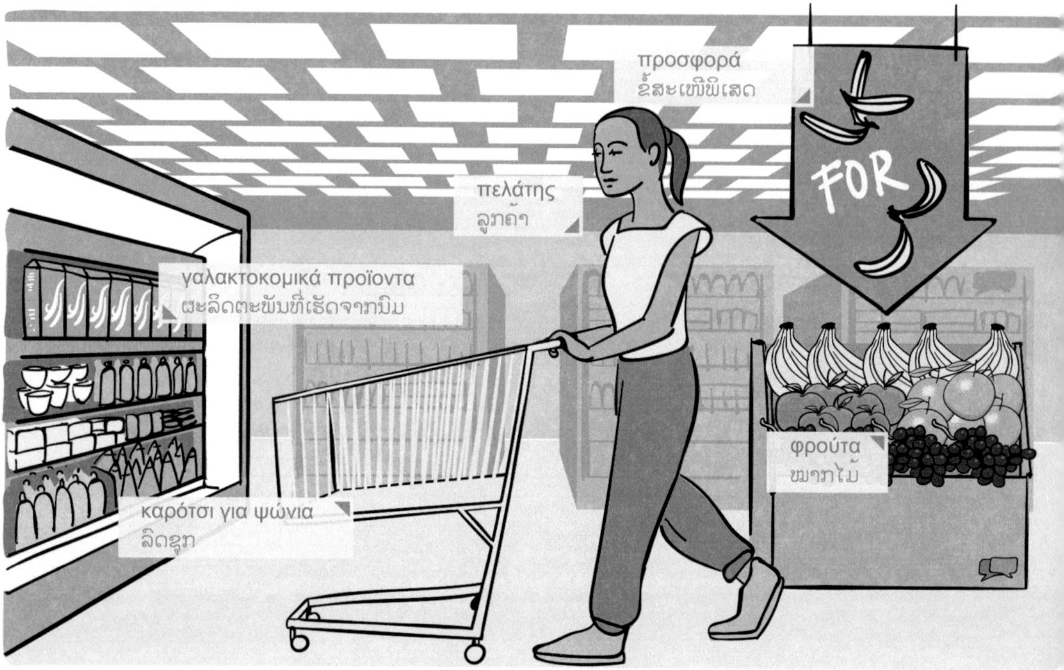

προσφορά
ຂໍ້ສະເໜີພິເສດ
FOR
πελάτης
ລູກຄ້າ
γαλακτοκομικά προϊόντα
ຜະລິດຕະພັນທີ່ເຮັດຈາກນົມ
φρούτα
ໝາກໄມ້
καρότσι για ψώνια
ລົດຊຸກ

BUTCHERS

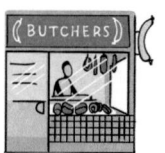

κρεοπωλείο

ຮ້ານຂາຍຊີ້ນ

BAKERY

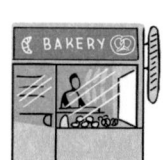

φούρνος

ຮ້ານຂາຍເຂົ້າໜົມປັງ

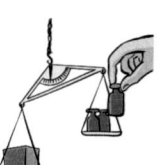

ζυγίζω

ຊັ່ງນ້ຳໜັກ

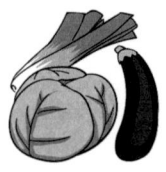

λαχανικά

ຜັກ

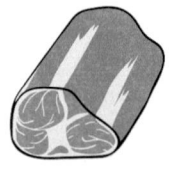

κρέας

ຊີ້ນ

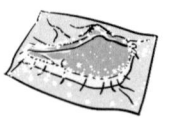

κατεψυγμένα τρόφιμα

ອາຫານແຊ່ແຂງ

αλλαντικά

ຊີ້ນເຢັນ

κονσερβοποιημένη τροφή

ອາຫານກະປ໋ອງ

απορρυπαντικό ρούχων

ແຟ່ບຊັກເຄື່ອງ

γλυκά

ເຂົ້າໜົມຫວານ

οικιακά είδη

ຜະລິດຕະພັນໃນຄົວເຮືອນ

καθαριστικά προϊόντα

ຜະລິດຕະພັນທຳຄວາມສະອາດ

πωλήτρια

ພະນັກງານຂາຍຍິງ

ταμείο

ເຄື່ອງຄິດເງິນ

ταμίας

ພະນັກງານເກັບສິດ

λίστα για ψώνια

ລາຍການຊື້ເຄື່ອງ

ωράριο λειτουργίας

ເວລາເປີດເຮັດວຽກ

πορτοφόλι

ກະເປົາເງິນ

πιστωτική κάρτα

ບັດເຄຣດິດ

τσάντα

ຖົງ

πλαστική σακούλα

ຖົງຢາງ

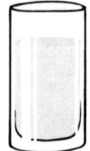

νερό

ນ້ຳ

χυμός

ນ້ຳໝາກໄມ້

γάλα

ນົມ

κόκα κόλα

ໂຄກ

κρασί

ວາຍ

μπίρα

ເບຍ

αλκοόλ

ເຫຼົ້າ

κακάο

ໂກໂກ້

τσάι

ຊາ

καφές

ກາເຟ

εσπρέσο

ເອສເປຣສໂຊ

καπουτσίνο

ຄາປູຊີໂນ

μπανάνα

ໝາກກ້ວຍ

μήλο

ແອັບເປິ້ນ

πορτοκάλι

ໝາກກ້ຽງ

πεπόνι

ໝາກໂມ

λεμόνι

ໝາກນາວ

καρότο

ທົວກະຮົດ

σκόρδο

ຜັກຫຽມ

μπαμπού

ຕົ້ນໄຜ່

κρεμμύδι

ຫອມບົ່ວ

μανιτάρι

ເຫັດ

ξηροί καρποί

ຖົ່ວ

νουντλς

ເສັ້ນໝີ່

μακαρόνια

ສະປາແກັດຕີ້

ρύζι

ເຂົ້າ

σαλάτα

ສະຫຼັດ

πατατάκια

ມັນຝຣັ່ງທອດ

τηγανητές πατάτες

ມັນຝຣັ່ງທອດ

πίτσα

ພິສຊາ

χάμπουργκερ

ແຮມເບີເກີ້

σάντουιτς

ແຊນວິດຈ໌

κοτολέτα

ຊີ້ນຕິດກະດູກ

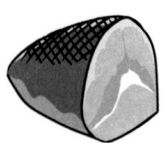

ζαμπόν

ແຮມ

σαλάμι

ໄສ້ກອກແຫ້ງຊາລາມີ

λουκάνικο

ໄສ້ກອກ

κοτόπουλο

ໄກ່

ψητό

ຍ້າງ

ψάρι

ປາ

χυλός βρώμης

ເຂົ້າປຽກເຂົ້າໂອດ

μούσλι

ອາຫານຂະນົມເປັນເມັດກອບ

κορν φλέικς

ເຂົ້າຢວບເປັນປ່ຽງນ້ອຍໆ

αλεύρι

ເຂົ້າແປ້ງ

κρουασάν

ເຂົ້າຈີ່ຂະນົມທີ່ມີຮູບເດືອນເຄິ່ງຫວອຍ

ψωμάκι

ເຂົ້າໜົມປັງແບບມ້ວນ

ψωμί

ເຂົ້າໜົມປັງ

τοστ

ເຂົ້າໜົມປັງປີ້ງ

μπισκότα

ເຂົ້າໜົມປັງຂະນົມກ້ອບນ້ອຍ

βούτυρο

ເນີຍ

τυρόπηγμα

ນ້ຳນົມແຂ້ນ

κέικ

ເຄກ

αυγό

ໄຂ່

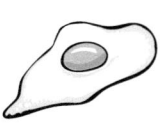

τηγανητό αυγό

ໄຂ່ດາວ

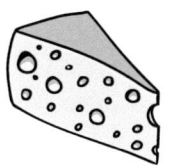

τυρί

ເນີຍແຂງ

παγωτό

ກະແລ້ມ

ζάχαρη

ນ້ຳຕານ

μέλι

ນ້ຳເຜິ້ງ

μαρμελάδα

ແຢມ

άλλειμμα σοκολάτας

ຊ້ອກໂກແລັດຖົມສະເປຣດ

κάρυ

ກະລີ່

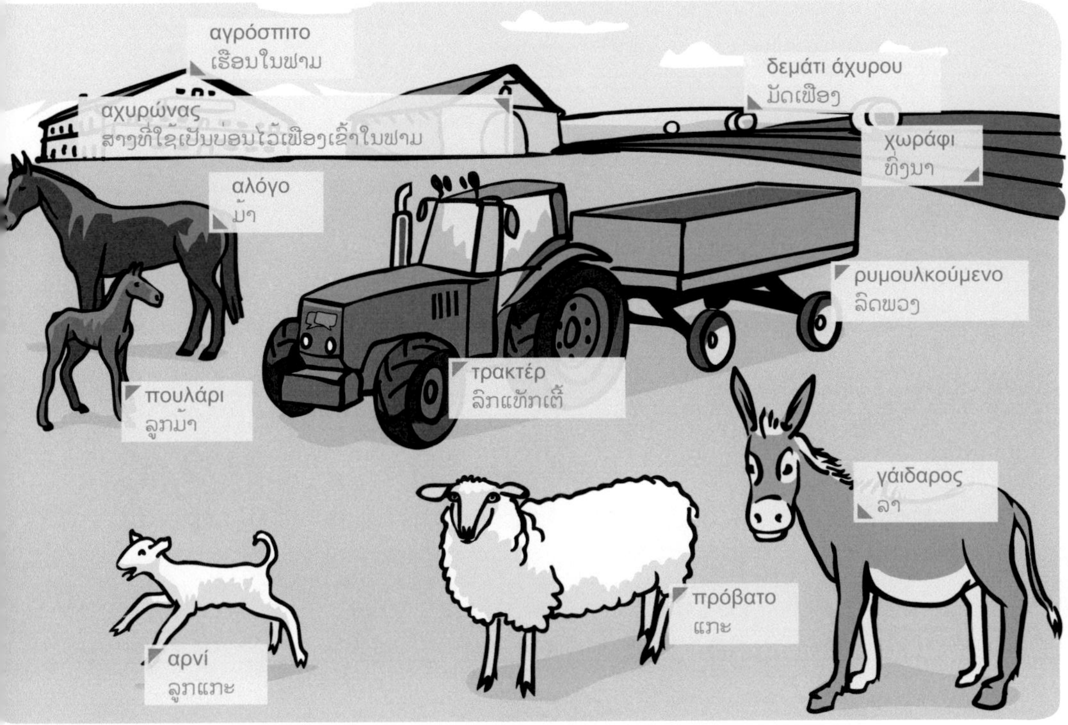

αγρόσπιτο
ເຮືອນໃນຟາມ
αχυρώνας
ສາງທີ່ໃຊ້ເປັນບ່ອນໄວ້ເຟືອງເຂົ້າໃນຟາມ
δεμάτι άχυρου
ມັດເຟືອງ
χωράφι
ທົ່ງນາ
αλόγο
ມ້າ
ρυμουλκούμενο
ລົດພວງ
τρακτέρ
ລົດແທັກເຕີ້
πουλάρι
ລູກມ້າ
γάιδαρος
ລາ
πρόβατο
ແກະ
αρνί
ລູກແກະ

κατσίκα

ແກະ

αγελάδα

ງົວຕົວແມ່

μοσχαράκι

ລູກງົວ

γουρούνι

ໝູ

γουρουνάκι

ລູກໝູ

ταύρος

ງົວຕົວຜູ້

χήνα

ຫ່ານ

πάπια

ເປັດ

κοτοπουλάκι

ລູກໄກ່

κότα

ແມ່ໄກ່

κόκορας

ໄກ່ຜູ້

αρουραίος

ໜູ

γάτα

ແມວ

ποντίκι

ໜູ

βόδι

ງົວຕົວຜູ້

σκύλος

ໝາ

σπιτάκι σκύλου

ຄອກໝາ

λάστιχο κήπου

ສາຍທໍ່ຢາງທີ່ໃຊ້ໃນສວນ

ποτιστήρι

ຂໍຫົດຕົ້ນໄມ້

θεριστήρι

ກ່ຽວດ້າມຍາວ

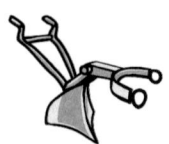

αλέτρι

ຄັນໄຖ

δρεπάνι

ກ່ຽວ

τσάπα

ຈົກ

δίκρανο

ຄາດ

τσεκούρι

ຂວານ

χειράμαξα

ລົດຍູ້ລໍ້ງ່ວ

ταΐστρα

ຫາງລິນ

δοχείο γάλακτος

ປ່ອງນິມ

σάκος

ກະສອບ

φράχτης

ຮົ້ວ

στάβλος

ຄອກມ້າ

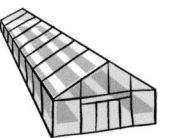

θερμοκήπιο

ເຮືອນກະຈົກ

έδαφος

ດິນ

σπόρος

ແກ່ນ

λίπασμα

ປຸ໋ຍ

θεριζοαλωνιστική μηχανή

ເຄື່ອງກ່ຽວເຂົ້າ

θερίζω

ເກັບກ່ຽວ

συγκομιδή

ການເກັບກ່ຽວ

γιαμς

ເຜືອກ

σιτάρι

ເຂົ້າສາລີ

σόγια

ຖົ່ວເຫຼືອງ

πατάτα

ມັນຝລັ່ງ

καλαμπόκι

ເຂົ້າໂພດ

κράμβη

ດອກເຜຶຂຶດ

οπωροφόρο δέντρο

ຕົ້ນໄມ້ທີ່ອອກໝາກ

μανιόκα

ມັນຕົ້ນ

δημητριακά

ພິດຊະນິດເມັດ

αγρόκτημα - ຟາມ

σπίτι
ເຮືອນ

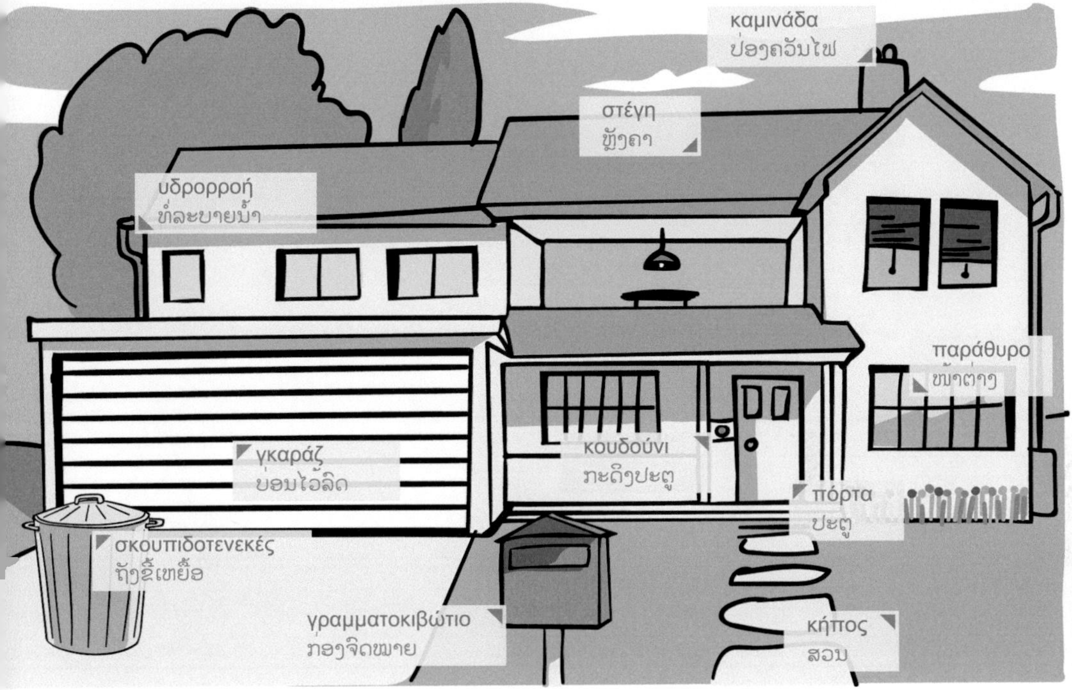

καμινάδα
ປ່ອງຄວັນໄຟ
στέγη
ຫຼັງຄາ
υδρορροή
ທໍ່ລະບາຍນ້ຳ
παράθυρο
ໜ້າຕ່າງ
γκαράζ
ບ່ອນໄວ້ລົດ
κουδούνι
ກະດິງປະຕູ
πόρτα
ປະຕູ
σκουπιδοτενεκές
ຖັງຂີ້ເຫຍື້ອ
γραμματοκιβώτιο
ກອງຈິດໝາຍ
κήπος
ສວນ

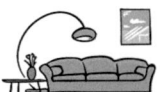

σαλόνι
ຫ້ອງຮັບແຂກ

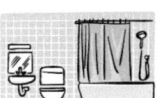

μπάνιο
ຫ້ອງນ້ຳ

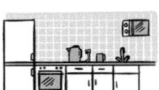

κουζίνα
ຫ້ອງຄົວ

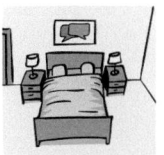

υπνοδωμάτιο
ຫ້ອງນອນ

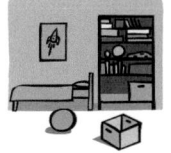

παιδικό δωμάτιο
ຫ້ອງພັກສຳລັບເດັກນ້ອຍ

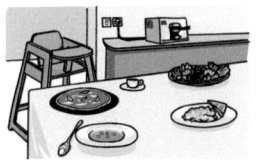

τραπεζαρία
ຫ້ອງອາຫານ

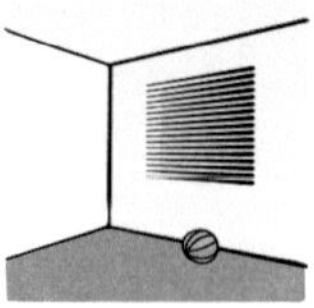

πάτωμα

ພື້ນ

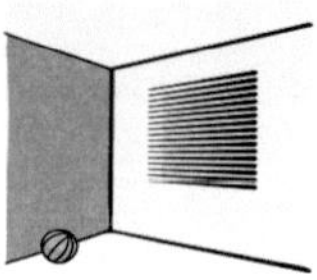

τοίχος

ຝາຜະໜັງ

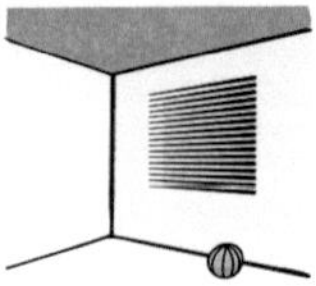

οροφή

ເພດານ

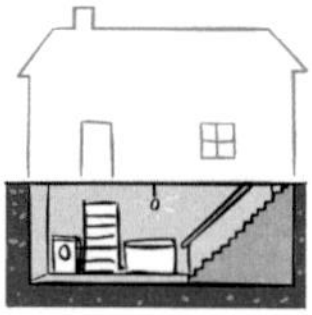

κελάρι

ຫ້ອງເກັບເຄື່ອງໃຕ້ດິນ

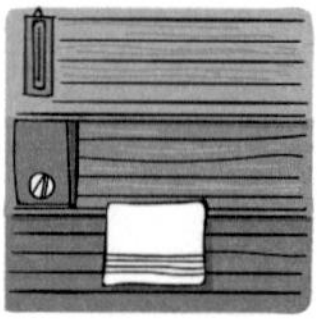

σάουνα

ຫ້ອງອົບອາຍນ້ຳ

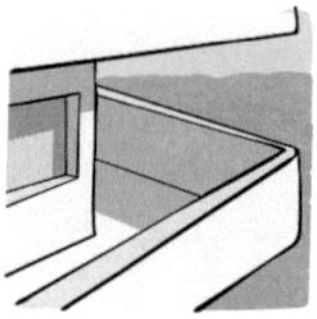

μπαλκόνι

ລະບຽງ

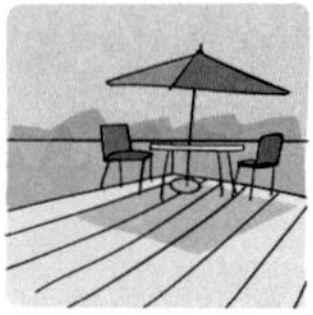

βεράντα

ຊັ້ນຕາມຂ້າງພູ

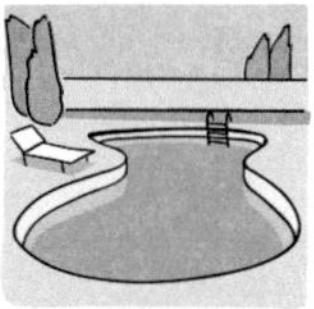

πισίνα

ສະລອຍນ້ຳ

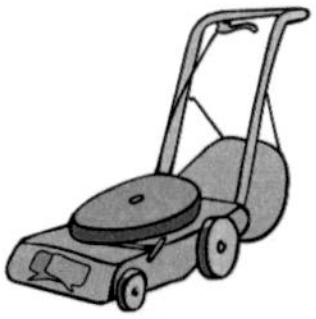

μηχανή του γκαζόν

ເຄື່ອງຕັດຫຍ້າ

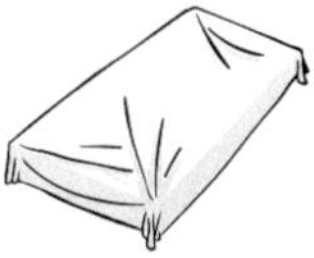

σεντόνι

ຜ້າປູບ່ອນນອນ

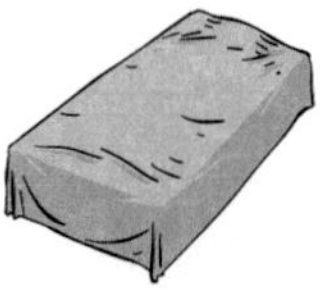

κάλυμμα κρεβατιού

ຜ້າປູຕຽງ

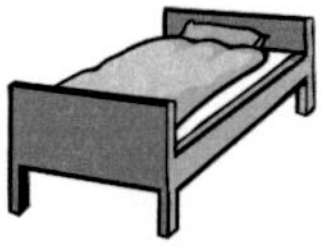

κρεβάτι

ຕຽງ

σκούπα

ຟອຍ

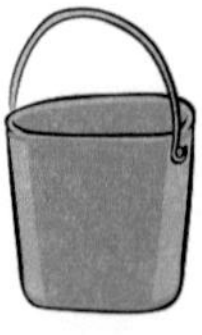

κουβάς

ຄຸ

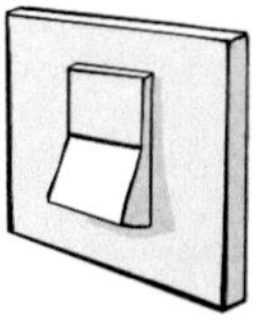

διακόπτης

ສະວິດ

σαλόνι
ຫ້ອງຮັບແຂກ

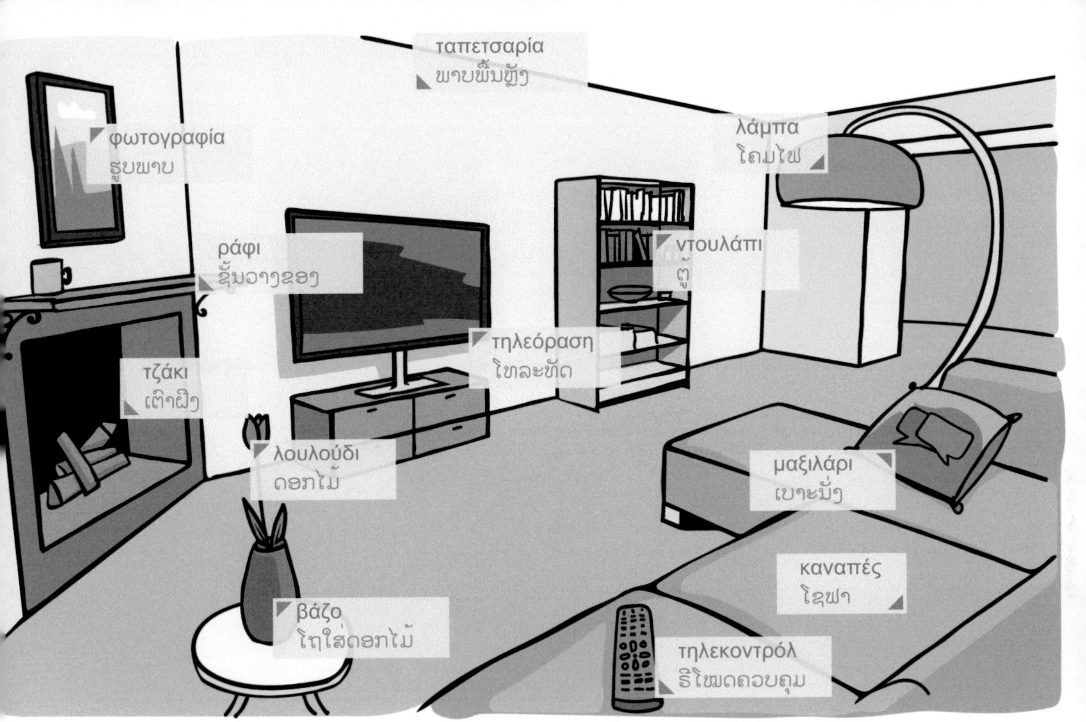
ταπετσαρία
ພາບພື້ນຫຼັງ
φωτογραφία
ຮູບພາບ
λάμπα
ໂຄມໄຟ
ράφι
ຊັ້ນວາງຂອງ
ντουλάπι
ຕູ້
τηλεόραση
ໂທລະທັດ
τζάκι
ເຕົາຜີງ
λουλούδι
ດອກໄມ້
μαξιλάρι
ເບາະນັ່ງ
καναπές
ໂຊຟາ
βάζο
ໂຖໃສ່ດອກໄມ້
τηλεκοντρόλ
ຣີໂໝດຄວບຄຸມ

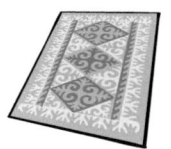

χαλί

ພົມປູພື້ນ

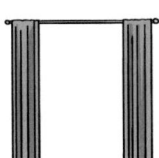

κουρτίνα

ຜ້າກັ້ງ

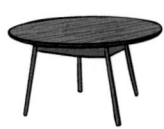

τραπέζι

ໂຕະ

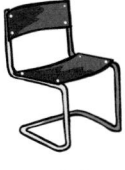

καρέκλα

ຕັ່ງນັ່ງ

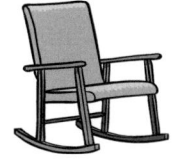

κουνιστή πολυθρόνα

ຕັ່ງນັ່ງແບບໂຍກໄດ້

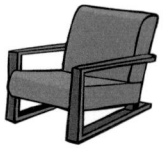

πολυθρόνα

ຕັ່ງນັ່ງທີ່ມີບ່ອນວາງແຂນ

βιβλίο

ໜັງສື

κουβέρτα

ຜ້າຫົ່ມ

διακόσμηση

ເຄື່ອງຕົກແຕ່ງ

καυσόξυλα

ຟືນ

ταινία

ຮູບເງົາ

στερεοφωνικό σύστημα

ເຄື່ອງສຽງລະບົບໄຮໄຟ

κλειδί

ກະແຈ

εφημερίδα

ໜັງສືພິມ

πίνακας ζωγραφικής

ການແຕ້ມຮູບ

αφίσα

ໂປສເຕີ

ραδιόφωνο

ວິທະຍຸ

σημειωματάριο

ແຜ່ນບັນທຶກ

ηλεκτρική σκούπα

ເຄື່ອງດູດຝຸ່ນ

κάκτος

ຕົ້ນກະບອງເພັດ

κερί

ທຽນໄຂ

κουζίνα

ຫ້ອງຄົວ

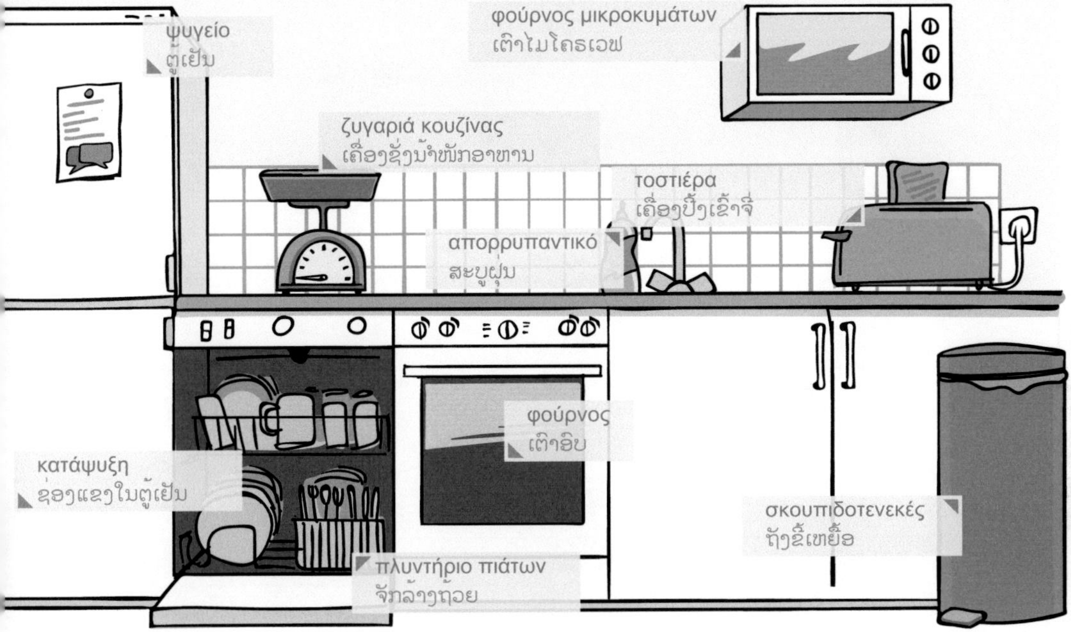
ψυγείο
ຕູ້ເຢັນ
φούρνος μικροκυμάτων
ເຕົາໄມໂຄຣເວຟ
ζυγαριά κουζίνας
ເຄື່ອງຊັ່ງນ້ຳໜັກອາຫານ
τοστιέρα
ເຄື່ອງປີ້ງເຂົ້າຈີ່
απορρυπαντικό
ສະບູຝຸ່ນ
φούρνος
ເຕົາອົບ
κατάψυξη
ຊ່ອງແຂງໃນຕູ້ເຢັນ
σκουπιδοτενεκές
ຖັງຂີ້ເຫຍື້ອ
πλυντήριο πιάτων
ຈັກລ້າງຖ້ວຍ

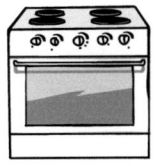

κουζίνα

ໝໍ້ຕົ້ມ

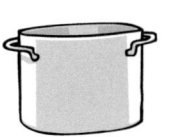

κατσαρόλα

ໝໍ້

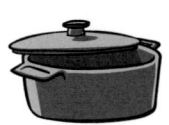

μαντεμένια κατσαρόλα

ໝໍ້ເຫຼັກຫຼໍ່

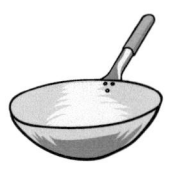

γουόκ/καντάι

ໝໍ້ກະທະຈີນ

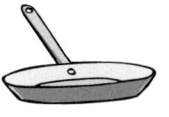

τηγάνι

ໝໍ້ກະທະກົ້ນແບນ

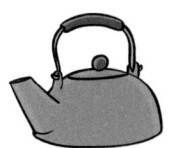

βραστήρας

ກາຕົ້ມນ້ຳ

ατμομάγειρας

ໝໍ້ໄອນ້ຳ

ταψί

ຖາດອົບ

πιατικά

ເຄື່ອງຖ້ວຍຊາມ

κούπα

ຈອກທຶມ

μπολ

ຖ້ວຍ

ξυλάκια

ໄມ້ທູ່

κουτάλα

ຈວງດ້າມຍາວ

σπάτουλα

ຕະຫຼິວ

ανακατεύω

ເຄື່ອງຕີໄຂ່

σουρωτήρι

ກະຊອນ

σουρωτηράκι

ເຄື່ອງຮ່ອນ

τρίφτης

ເຫ້ຍກຂູດ

γουδί

ຄົກ

ψησταριά

ບາບີຄິວ

ανοιχτή φωτιά

ແຄມໄຟຫຼາວອນ

σανίδα κοπής

ຂຽງ

πλάστης

ໄມ້ບອດແປ້ງ

ανοιχτήρι φελλών

ເຫຼັກໄຂດອນແກ້ວ

κονσέρβα

ກະປ໋ອງ

ανοιχτήρι κονσέρβας

ເຄື່ອງເປີດກະປ໋ອງ

γάντι φούρνου

ຖົງມືຈັບຂອງຮ້ອນ

νεροχύτης

ອ່າງລ້າງຈານ

βούρτσα

ແປງ

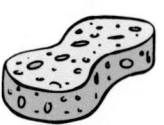

σφουγγάρι

ຟອງນ້ຳ

μπλέντερ

ເຄື່ອງປັ່ນ

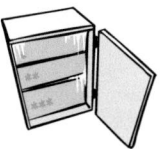

καταψύκτης

ຕູ້ແຊ່ແຂງ

μπιμπερό

ຂວດນົມ

βρύση

ກ໋ອກນ້ຳ

κουζίνα - ທ້ອງຄົວ

37

μπάνιο
ຫອງນໍາ

θέρμανση
ເຄື່ອງທຳຄວາມຮ້ອນ
πετσέτα
ຜ້າເຊັດໂຕ
ντους
ຝັກບົວ
κουρτίνα ντουζ
ຜ້າກັ້ງຫ້ອງນ້ຳ
αφρόλουτρο
ສະບູທຳຟອງ
μπανιέρα
ອ່າງອາບນ້ຳ
ποτήρι
ຈອກແກ້ວ
πλυντήριο ρούχων
ຈັກຊັກຜ້າ
βρύση
ກ໊ອກນ້ຳ
πλακάκια
ກະເບື້ອງ
γιογιό
ງ່ຽງຍ່ຽວ
νεροχύτης
ອ່າງລ້າງຈານ

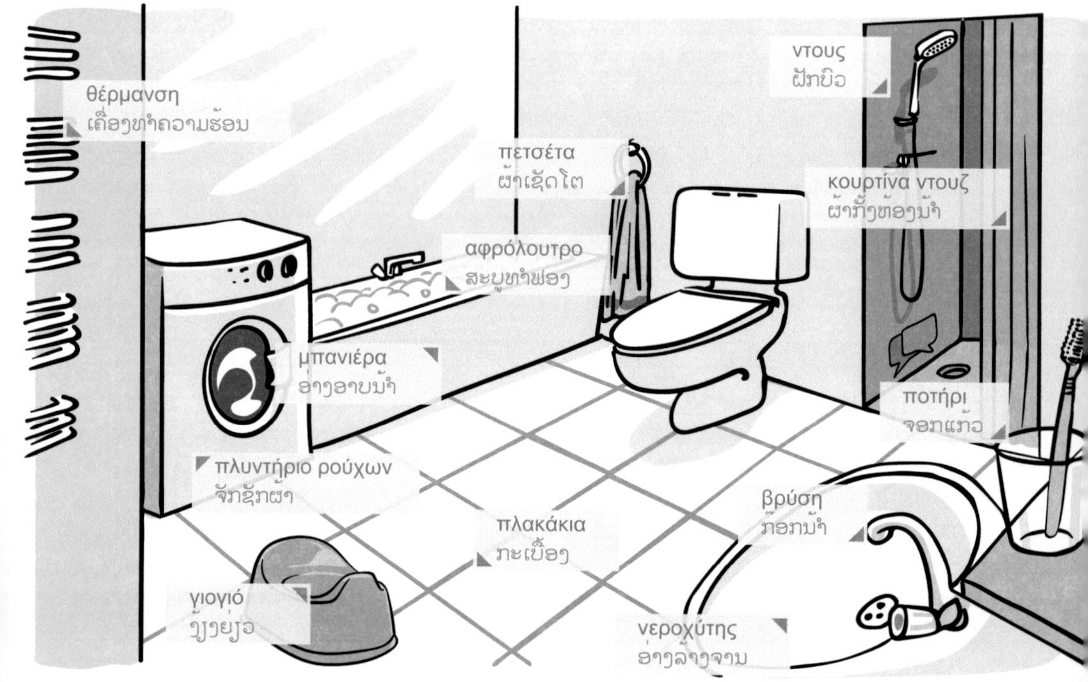

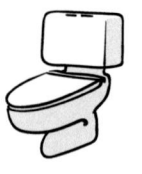

τουαλέτα

ຫ້ອງສ້ວມ

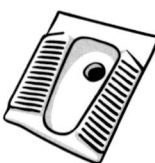

τούρκικη τουαλέτα

ໂຖສ້ວມແບບນັ່ງຍອງ

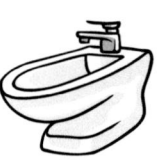

μπιντές

ໂຖຍ່ຽວຂອງຜູ້ຍິງ

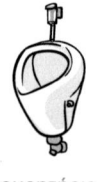

ουρητήριο

ໂຖຍ່ຽວຂອງຜູ້ຊາຍ

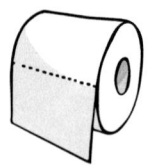

χαρτί υγείας

ກະດາດຊຳລະທີ່ໃຊ້ໃນຫ້ອງນ້ຳ

πιγκάλ

ແປງຂັດຫ້ອງນ້ຳ

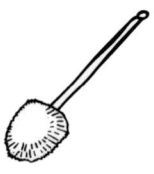

οδοντόβουρτσα

แปງสີฟัน

οδοντόκρεμα

ยาสີฟัน

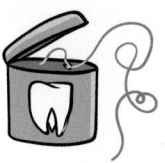

οδοντικό νήμα

ໄໝຂັດແຂ້ວ

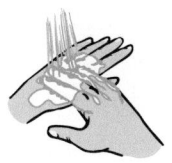

πλένω

ລ້າງ

τηλέφωνο ντους

ฝักบົວອາບນ້ຳທີ່ໃຊ້ມືจับ

ντουσιέρα

ເຄື່ອງສີດລ້າง

λεκάνη

ອ່າງລ້າງໜ້າ

βούρτσα πλάτης

แปງຖູຫัว

σαπούνι

ສະບູ

αφρόλουτρο

ເຈລອາບນ້ຳ

σαμπουάν

แຊมพู

φανέλα

ຜ້າຖູໂຕນ້ອຍ

σιφόνι

ທໍ່ລະບາຍນ້ຳเสย

κρέμα

ຄิม

αποσμητικό

ຍາດັບກິ່ນ

καθρέφτης

ແວ່ນແຍງ

καθρέφτης χειρός

ແວ່ນມີຖື

ξυραφάκι

ມີດແຖຫນວດ

αφρός ξυρίσματος

ໂຟມແຖຫນວດ

αφτερσέιβ

ໂລຊັ່ນບໍາລຸງຜິວຫຼັງແຖຫນວດ

χτένα

ຫວີ

βούρτσα

ແປງ

σεσουάρ

ຈັກເປົ່າຜົມ

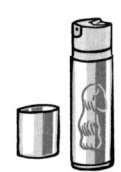

λακ

ສະເປຣິດຜົມ

μακιγιάζ

ຊຸດເຄື່ອງສໍາອາງ

κραγιόν

ລິບສະຕິກທາສົບ

βερνίκι νυχιών

ນໍ້າຍາທາເລັບ

βαμβάκι

ສໍາລີ

ψαλίδι νυχιών

ມີດຕັດເລັບ

άρωμα

ນໍ້າຫອມ

νεσεσέρ
ກະເປົາອາບນ້ຳ

σκαμπό
ຕັ່ງສາມຂາ

ζυγαριά
ເຄື່ອງຊັ່ງນ້ຳໜັກ

μπουρνούζι
ເສື້ອຄຸມອາບນ້ຳ

ελαστικά γάντια
ຖົງມືຢາງ

ταμπόν
ຜ້າອະນາໄມແບບສອດ

πετσέτα υγιεινής
ຜ້າອະນາໄມ

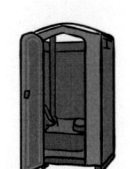

χημική τουαλέτα
ຫ້ອງນ້ຳເຄມີ

παιδικό δωμάτιο
ຫອງພັກສຳລັບເດັກນອຍ

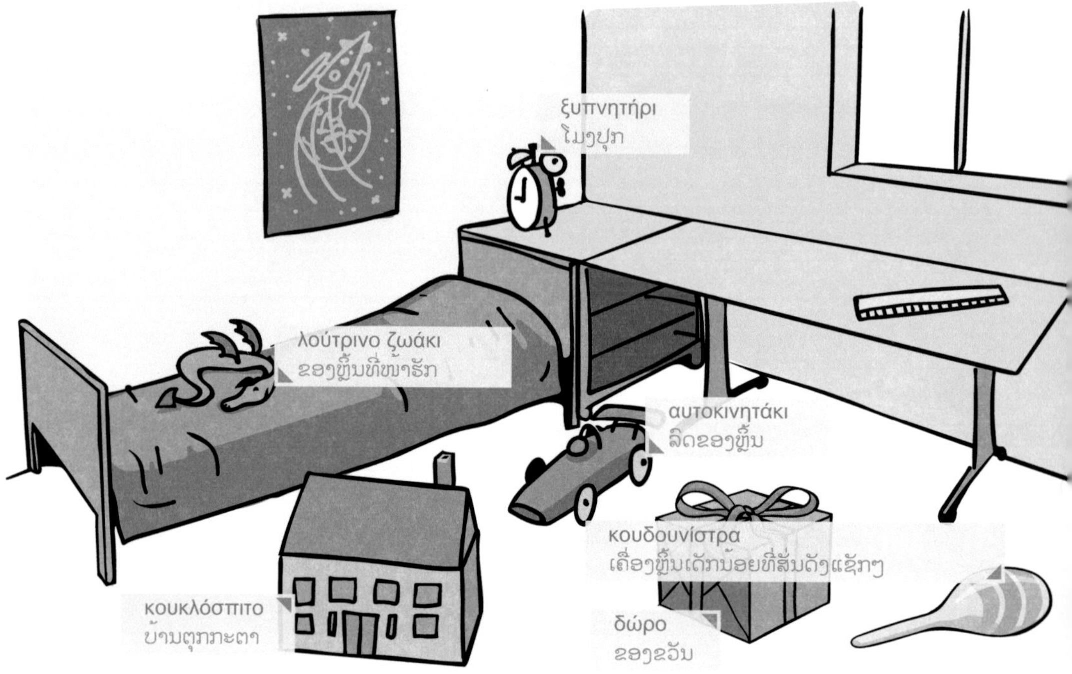

ξυπνητήρι
ໂມງປຸກ
λούτρινο ζωάκι
ຂອງຫຼິ້ນທີ່ໜ້າຮັກ
αυτοκινητάκι
ລົດຂອງຫຼິ້ນ
κουδουνίστρα
ເຄື່ອງຫຼິ້ນເດັກນ້ອຍທີ່ສັ່ນດັງແຊັກໆ
κουκλόσπιτο
ບ້ານຕຸກກະຕາ
δώρο
ຂອງຂວັນ

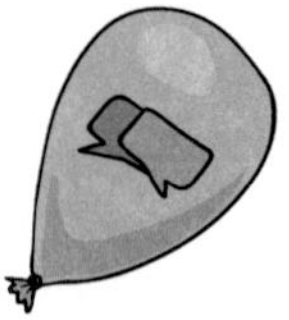

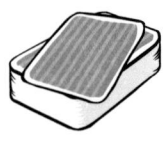

μπαλόνι

ໝາກປຸມເປົ້າ

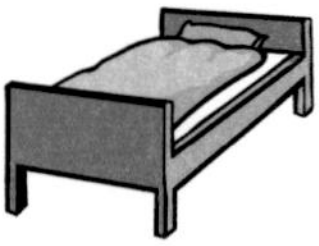

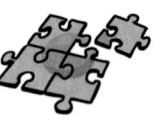

κρεβάτι

ຕຽງ

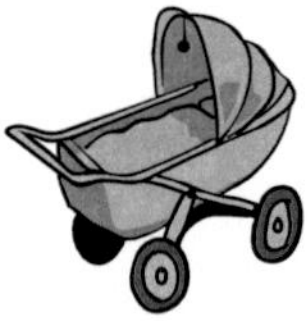

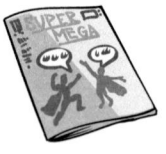

καροτσάκι

ລົດຍູ້ເດັກ

τράπουλα

ຊຸມໄພ້

παζλ

ຈິກຊໍ

SUPER
MEGA

κόμικς

ໜັງສືກາຕູນ

τουβλάκια lego

ຕົວຕໍ່ເລໂກ້

τουβλάκια κατασκευών

ບລ໋ອກຂອງຫຼິ້ນ

φιγούρα δράσης

ຮູບປັ້ນທີ່ເຄື່ອນໄຫວໄດ້

βρεφικό φορμάκι

ເສື້ອຜ້າເດັກເກີດໃໝ່

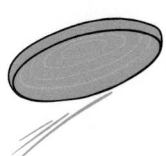

φρίσμπι

ຈານບິນ

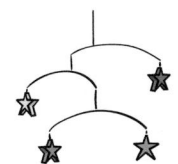

μόμπιλο

ສິ່ງທີ່ແກວ່ງໄປມາແຂວນຢູ່ເທິງທ່ອ
ຕຽງເດັກນ້ອຍ

επιτραπέζιο παιχνίδι

ເກມກະດານ

ζάρια

ໝາກກະລ໋ອກ

σετ τρενάκι

ຊຸດລົດໄຟຈຳລອງ

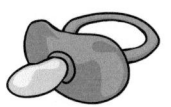

πιπίλα

ຮູບຫຸມ

πάρτι

ງານລ້ຽງ

εικονογραφημένο βιβλίο

ໜັງສືພາບ

μπάλα

ໝາກບານ

κούκλα

ຕຸກກະຕາ

παίζω

ຫຼິ້ນ

σκάμμα με άμμο

ຂຸມດິນຊາຍສຳລັບເດັກນ້ອຍຫຼິ້ນ

κούνια

ຊີງຊ້າ

παιχνίδια

ຂອງຫຼິ້ນ

κονσόλα βιντεοπαιχνιδιών

ເຄື່ອງຫຼິ້ນວິດີໂອເກມ

τρίκυκλο

ລົດຖີບສາມລໍ້

αρκουδάκι

ຕຸກກະຕາໝີ

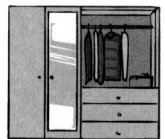

ντουλάπα

ຕູ້ເສື້ອຜ້າ

ρούχα
ເສື້ອຜ້າ

κάλτσες

ລອງເທົ້າ

καλτσοδέτες

ຖົງເທົ້າຍາວຜູ້ຍິງ

καλσόν

ໂສ້ງຍືດແບບເນື້ອ

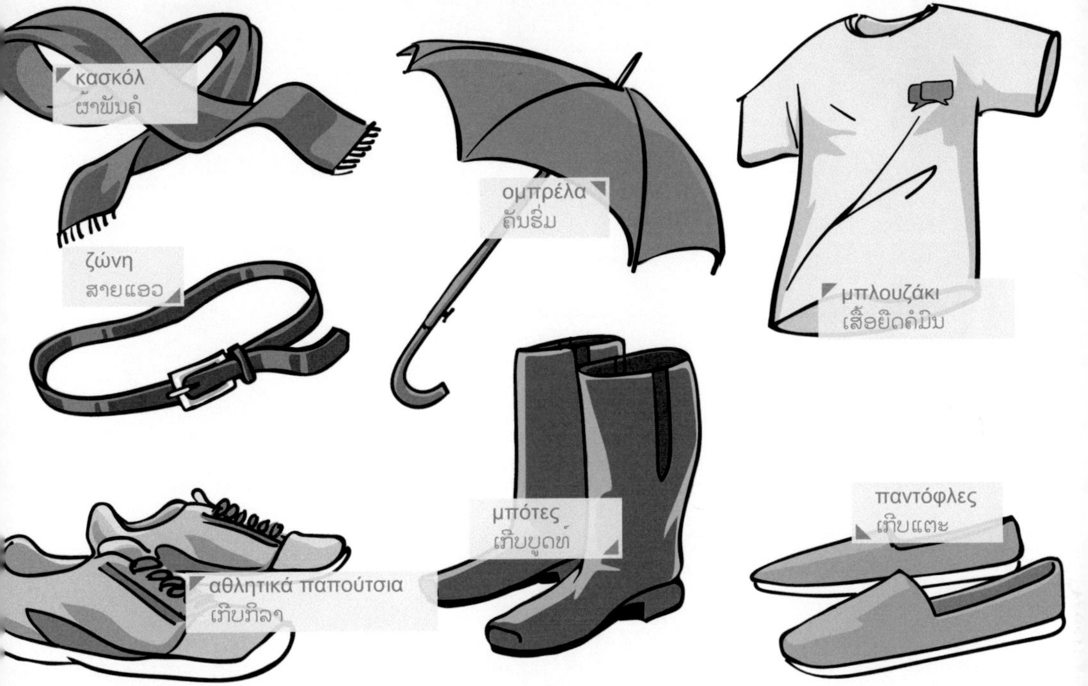

κασκόλ
ຜ້າພັນຄໍ

ομπρέλα
ຄັນຮົ່ມ

μπλουζάκι
ເສື້ອຍືດຄໍມົນ

ζώνη
ສາຍແອວ

μπότες
ເກີບບູດຫຍ້

παντόφλες
ເກີບແຕະ

αθλητικά παπούτσια
ເກີບກິລາ

σανδάλια
ເກີບຊ້າງດາມ

παπούτσια
ເກີບ

γαλότσες
ເກີບບູດຫຍຢາງ

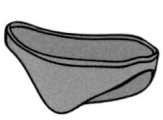

εσώρουχο
ໃສ້ງຊ້ອນໃນ

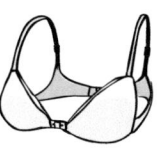

σουτιέν
ເສື້ອຊ້ອນໃນ

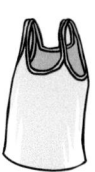

φανέλα
ເສື້ອມກ້າມ

σώμα

ເສື້ອຮັດທຸ່ມ

παντελόνι

ໂສ້ງຂາຍາວ

τζιν παντελόνι

ໂສ້ງຢືນ

φούστα

ກະໂປ່ງ

μπλούζα

ເສື້ອຜູ້ຍິງ

πουκάμισο

ເສື້ອເຊິດ

πουλόβερ

ເສື້ອກັນຂນາວ

πουλόβερ

ເສື້ອຄຸມມີໝວກ

σακάκι

ເສື້ອໃຫຍ່ທີ່ຕິດກາງໂຮງຮຽນຫຼືກາທີ
ມກີລາ

μπουφάν

ເສື້ອແຈັກເກັດ

παλτό

ເສື້ອນອກ

αδιάβροχο πανωφόρι

ເສື້ອກັນຝົນ

κοστούμι

ເຄື່ອງແຕ່ງກາຍ

φόρεμα

ກະໂປ່ງ

νυφικό

ຊຸດແຕ່ງງານ

κοστούμι

ເສື້ອສູດ

νυχτικό

ຊຸດລາຕີ

πιτζάμες

ຊຸດນອນ

σάρι

ຊຸດຊາຣີ

μαντήλι

ຜ້າຄຸມຫົວ

τουρμπάνι

ຜ້າພັນຫົວ

μπούρκα

ເສື້ອບຸຣຸເຄາະ

καφτάνι

ເສື້ອຄຸມຄາຟຕານ

μουσουλμανικό ένδυμα

ເສື້ອຄຸມອາບາຢາ

ολόσωμο μαγιό

ຊຸດລອຍນ້ຳ

ανδρικό μαγιό

ໂສ້ງໃສ່ລອຍນ້ຳ

σορτς

ໂສ້ງຂາສັ້ນ

αθλητική φόρμα

ຊຸດອອມ

ποδιά

ຜ້າກັນເປື້ອນ

γάντια

ຖົງມື

κουμπί

ກະດຸມ

γυαλιά

ແວ່ນຕາ

βραχιόλι

ປອກແຂນ

περιδέραιο

ສ້ອຍຄໍ

δαχτυλίδι

ແຫວນ

σκουλαρίκι

ຕຸ້ມຫູ

καπέλο

ໝວກແກັບ

κρεμάστρα

ກ້ງແຂນເສື້ອນອກ

καπέλο

ໝວກ

γραβάτα

ກາລະຫວັດ

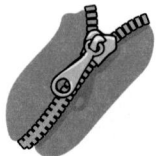

φερμουάρ

ຊິບ

κράνος

ໝວກກັນກະທົບ

τιράντες

ສາຍໂຍງໂສ້ງ

μαθητική στολή

ຊຸດນັກຮຽນ

στολή

ເຄື່ອງແບບ

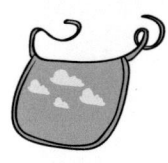

σαλιάρα

ຜ້າກັນເປື້ອນເດັກ

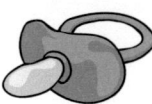

πιπίλα

ຮູບຫຸ່ນ

πάνα

ຜ້າອ້ອມ

γραφείο

ຫ້ອງການ

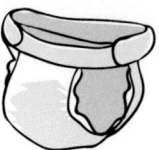

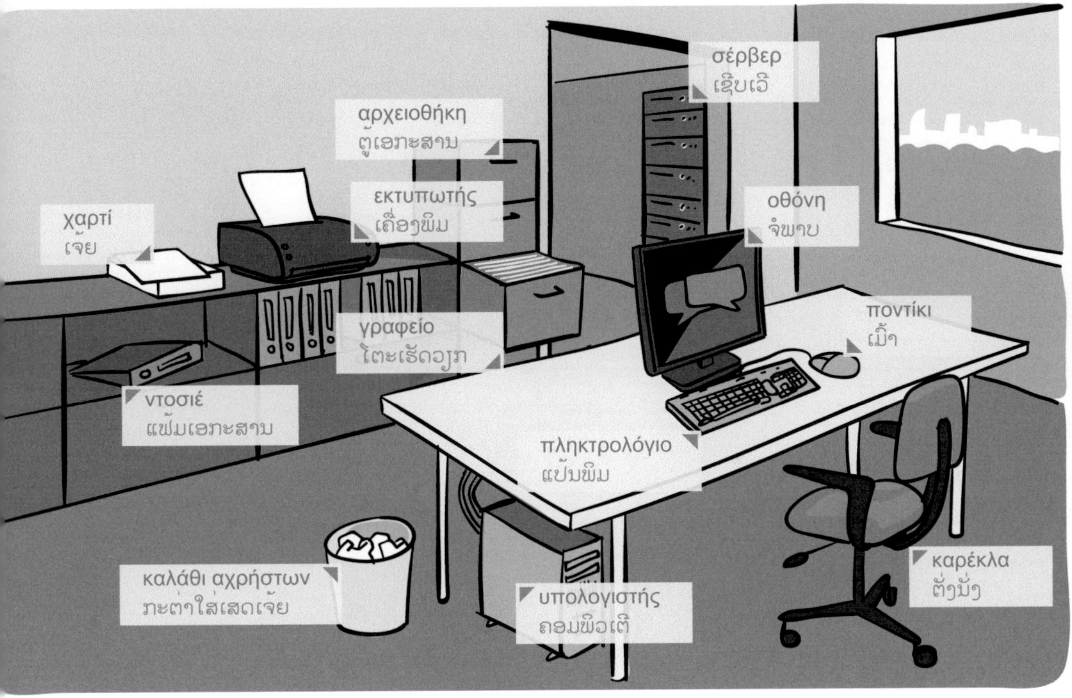

σέρβερ
ເຊີບເວີ
αρχειοθήκη
ຕູ້ເອກະສານ
εκτυπωτής
ເຄື່ອງພິມ
χαρτί
ເຈ້ຍ
οθόνη
ຈໍພາບ
γραφείο
ໂຕະເຮັດວຽກ
ποντίκι
ເມົ້າ
ντοσιέ
ແຟ້ມເອກະສານ
πληκτρολόγιο
ແປ້ນພິມ
καρέκλα
ຕັ່ງນັ່ງ
καλάθι αχρήστων
ກະຕ່າໃສ່ເສດເຈ້ຍ
υπολογιστής
ຄອມພິວເຕີ

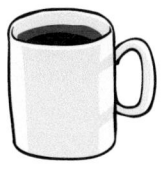

κούπα του καφέ

ຈອກທິນໃສ່ກາເຟ

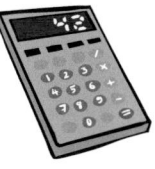

κομπιουτεράκι

ເຄື່ອງຄິດເລກ

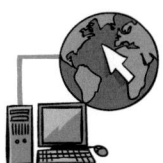

ίντερνετ

ອິນເຕີເນັດ

λάπτοπ

ຄອມພິວເຕີແລັບທ໋ອບ

γράμμα

ຈົດໝາຍ

μήνυμα

ຂໍ້ຄວາມ

κινητό

ໂທລະສັບມືຖື

δίκτυο

ເຄືອຂ່າຍ

φωτοτυπικό μηχάνημα

ເຄື່ອງຖ່າຍເອກະສານ

λογισμικό

ຊອບແວ

τηλέφωνο

ໂທລະສັບ

πρίζα

ປັກໄຟ

συσκευή φαξ

ເຄື່ອງແຟັກ

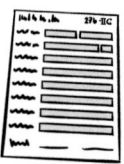

έντυπο

ແບບຟອມ

έγγραφο

ເອກະສານ

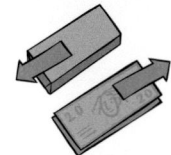

αγοράζω

ຊື້

πληρώνω

ຈ່າຍ

συναλλάσσομαι

ຄ້າຂາຍ

χρήματα

ເງິນ

δολάριο

ເງິນດອນລາ

ευρώ

ເງິນຢູໂຣ

γιεν

ເງິນເຢນ

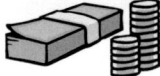

ρούβλι

ເງິນຣູເບິລ

ελβετικό φράγκο

ເງິນຝຣັ່ງສະວິດ

ρενμίνμπι γιουάν

ເງິນຢວນເຣີນມິນບີ້

ρουπία

ເງິນຣູປີ

ATM (αυτόματη ταμειακή μηχανή)

ເຄື່ອງສ່າໍລັບກົດເງິນສົດຈາກທະນ າຄານ

ανταλλακτήρια
συναλλάγματος
ບ່ອນແລກປ່ຽນເງິນຕາ

χρυσός
ຄຳ

ασήμι
ເງິນ

πετρέλαιο
ນ້ຳມັນ

ενέργεια
ພະລັງງານ

τιμή
ລາຄາ

συμβόλαιο
ສັນຍາ

φόρος
ພາສີ

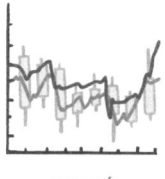

μετοχή
ຫຸ້ນ

δουλεύω
ເຮັດວຽກ

υπάλληλος
ລູກຈ້າງ

εργοδότης
ນາຍຈ້າງ

εργοστάσιο
ໂຮງງານ

κατάστημα
ຮ້ານຄ້າ

επαγγέλματα
ອາຊີບ

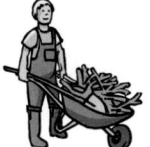

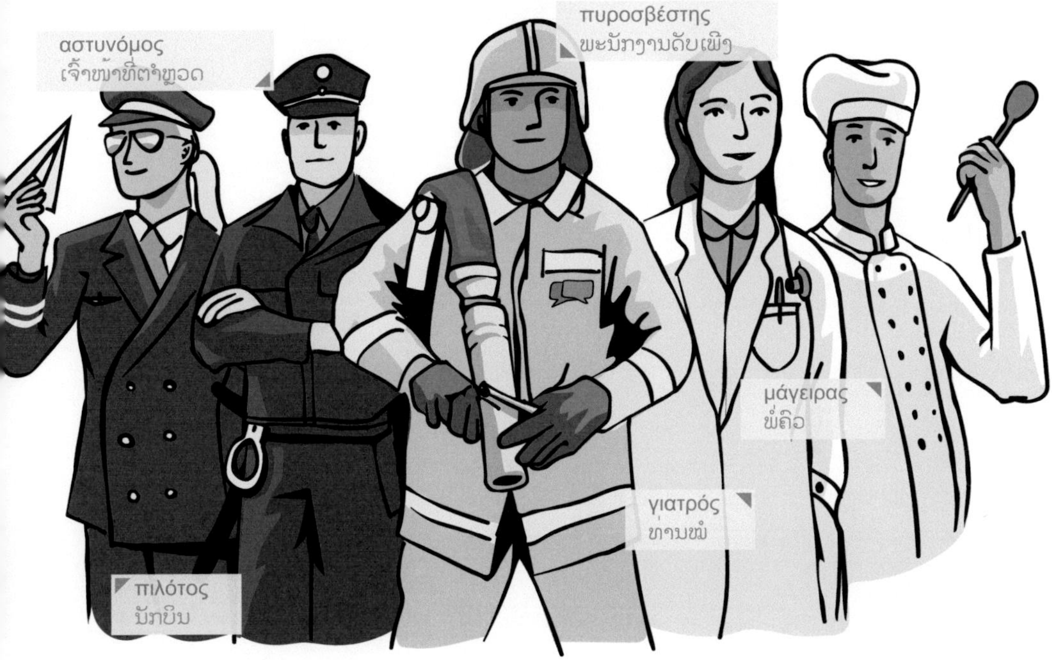

πυροσβέστης
ພະນັກງານດັບເພີງ
αστυνόμος
ເຈົ້າໜ້າທີ່ຕຳຫຼວດ
μάγειρας
ພໍ່ຄົວ
γιατρός
ທ່ານໝໍ
πιλότος
ນັກບິນ

κηπουρός

ຊາວສວນ

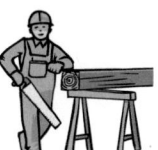

ξυλουργός

ຊ່າງໄມ້

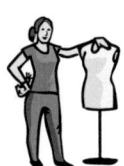

μοδίστρα

ຊ່າງຫຍິບຜ້າທີ່ເປັນຜູ້ຍິງ

δικαστής

ຜູ້ພິພາກສາ

χημικός

ນັກເຄມີ

ηθοποιός

ນັກສະແດງຊາຍ

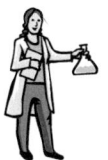

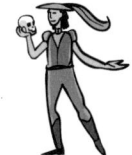

οδηγός λεωφορείου

ຄົນຂັບລົດເມປະຈຳທາງ

ταξιτζής

ຄົນຂັບແທັກຊີ

ψαράς

ຊາວປະມົງ

καθαρίστρια

ແມ່ບ້ານທຳຄວາມສະອາດ

τεχνίτης στεγών

ຊ່າງມຸງຫຼັງຄາ

σερβιτόρος

ຄົນເສີບຂາຍ

κυνηγός

ນາຍພານ

ζωγράφος

ຊ່າງທາສີ

αρτοποιός

ຄົນເຮັດເຂົ້າຈີ່ພິມປັງ

ηλεκτρολόγος

ຊ່າງໄຟຟ້າ

οικοδόμος

ຊ່າງກໍ່ສ້າງ

μηχανολόγος

ວິສະວິກອນ

κρεοπώλης

ຄົນຂາຍຊີ້ນ

υδραυλικός

ຊ່າງນ້ຳປະປາ

ταχυδρόμος

ບູລຸດໄປສະນີ

στρατιώτης

ທະຫານ

αρχιτέκτονας

ສະຖາປະນິກ

ταμίας

ພະນັກງານເກັບເງິນ

ανθοπώλης

ຄົນຂາຍດອກໄມ້

κομμωτής

ຊ່າງແຕ່ງຜົມ

ελεγκτής εισιτηρίων

ພະນັກງານກວດປີ້ລົດ

μηχανικός

ຊ່າງສ້ອມລົດຍົນ

καπετάνιος

ຜູ້ບັງຄັບການ

οδοντίατρος

ທັນຕະແພດ

επιστήμονας

ນັກວິທະຍາສາດ

ραβίνος

ພະໃບສາສະໜາຢິວ

ιμάμης

ຜູ້ນຳຊາວມຸສລິມ

μοναχός

ຄູບາ

ιερέας

ນັກບວດ

εργαλεία
ເຄື່ອງມື

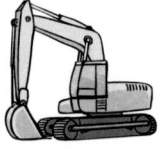

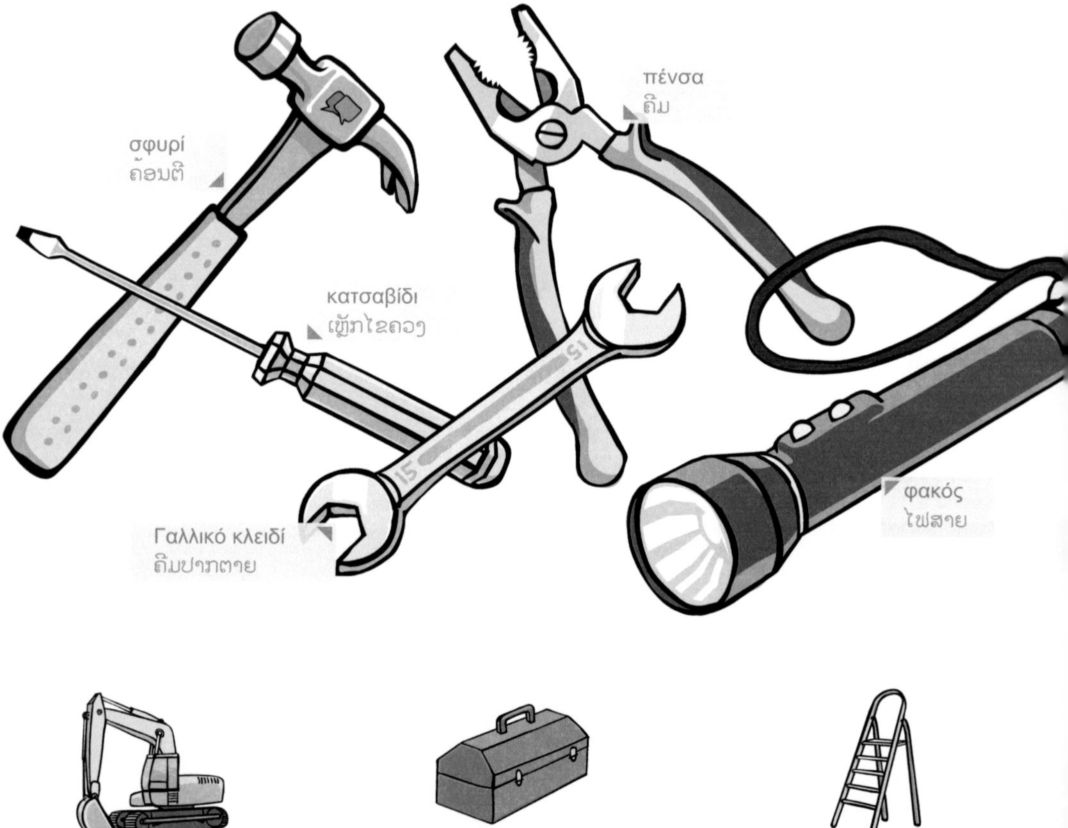
πένσα
ຄີມ
σφυρί
ຄ້ອນຕີ
κατσαβίδι
ເຫຼັກໄຂຄວງ
φακός
ໄຟສາຍ
Γαλλικό κλειδί
ຄີມປາກຕາຍ

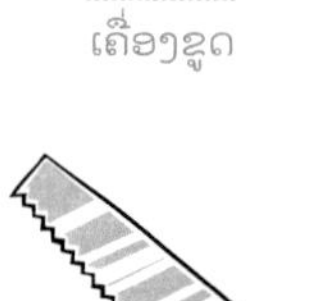
εκσκαφέας
ເຄື່ອງຂູດ

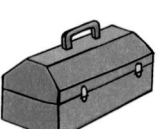

εργαλειοθήκη
ກັບເຄື່ອງມື

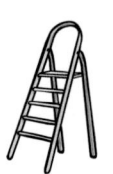

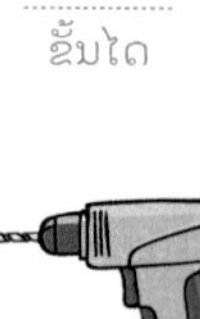
σκάλα
ຂັ້ນໄດ

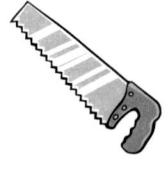

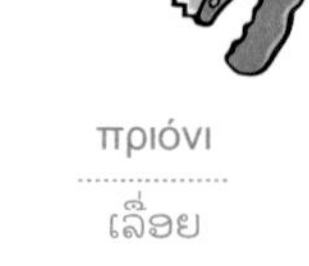
πριόνι
ເລື່ອຍ

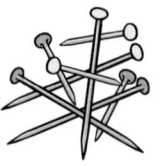

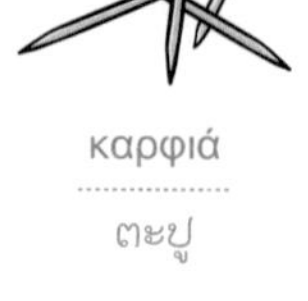
καρφιά
ຕະປູ

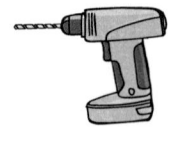

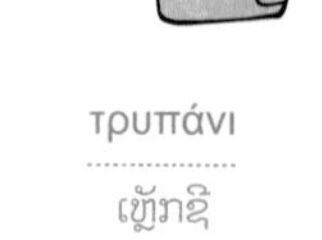
τρυπάνι
ເຫຼັກຊີ

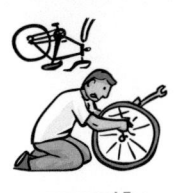

επισκευάζω

ສ້ອມແປງ

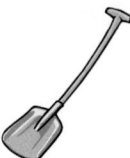

φτυάρι

ຊວ້ານ

Να πάρει!

ຕາຍຫ່າ!

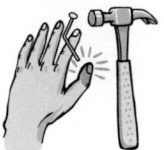

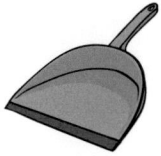

φαράσι

ຂອງຊວ້ານຂີ້ເຫຍື້ອ

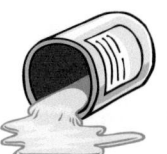

δοχείο χρωμάτων

ຖັງສີ

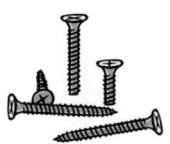

βίδες

ຕະປູກຽວ

μουσικά όργανα

ເຄື່ອງດົນຕີ

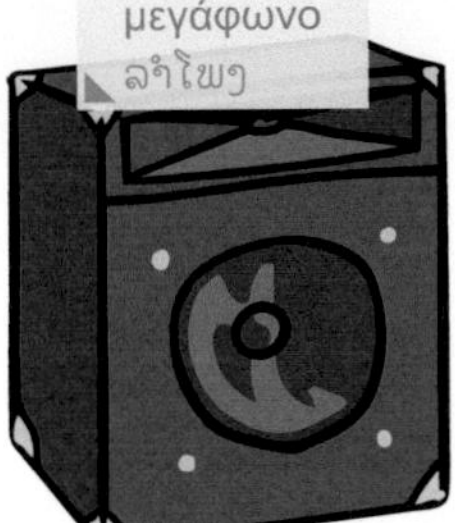

μεγάφωνο

ລຳໂພງ

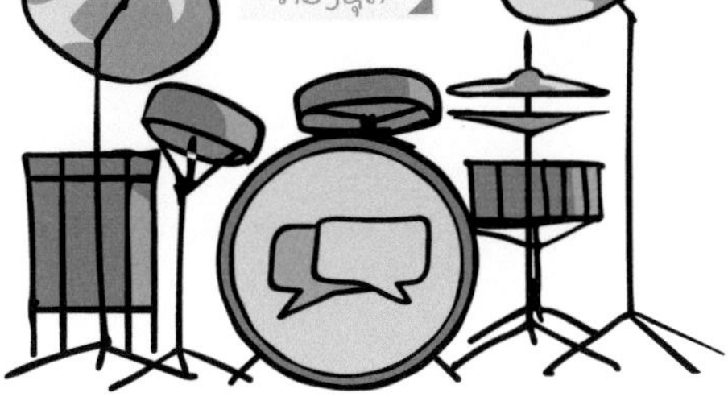

ντραμς

ກອງຊຸດ

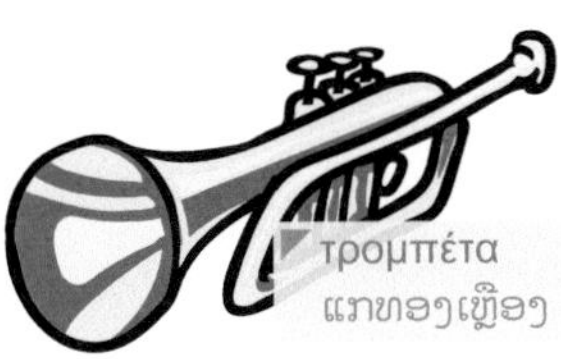

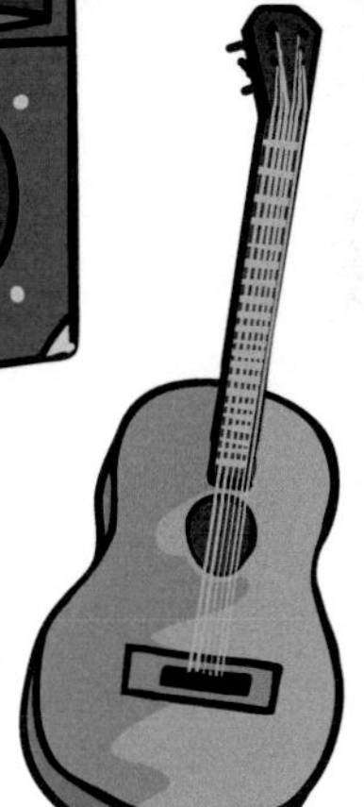

κιθάρα

ກີຕ້າ

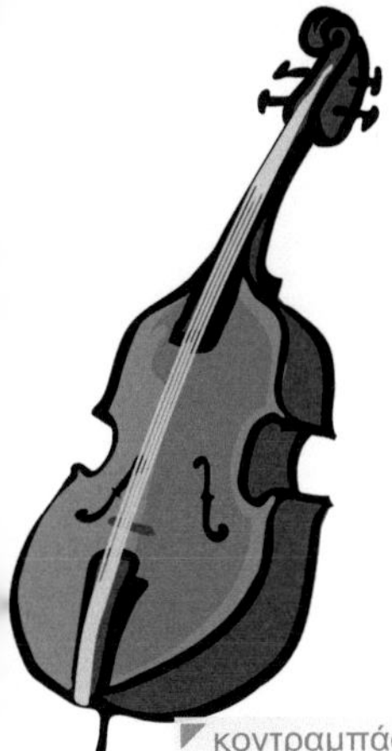

κοντραμπάσο

ດັບເບີລເບສ

τρομπέτα

ແກທອງເຫຼືອງ

πιάνο

ເປຍໂນ

βιολί

ໄວໂອລິນ

μπάσο

ເບສ

τύμπανα

ກອງທິມປານີ

τύμπανο

ກອງຊຸດ

πλήκτρα

ຄີບອດ

σαξόφωνο

ແຊັກໂຊໂຟນ

φλάουτο

ຂຸຍ

μικρόφωνο

ໄມໂຄຣໂຟນ

ζωολογικός κήπος

ສວນສັດ

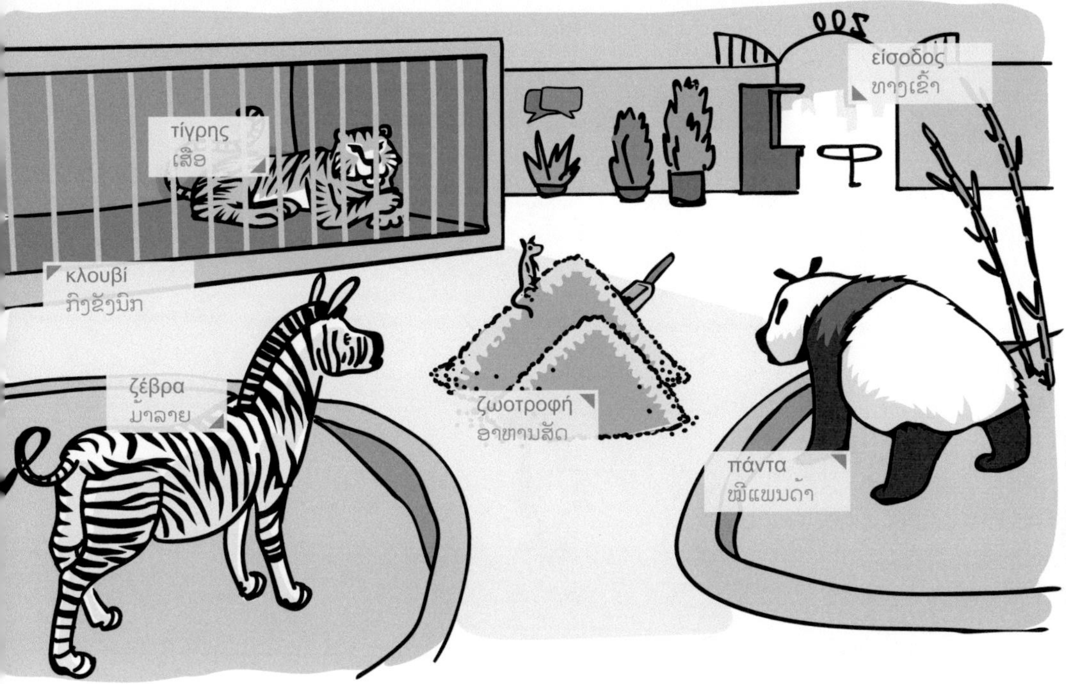

είσοδος
ທາງເຂົ້າ
τίγρης
ເສືອ
κλουβί
ກົງຂັງນົກ
ζέβρα
ມ້າລາຍ
ζωοτροφή
ອາຫານສັດ
πάντα
ໝີແພນດ້າ

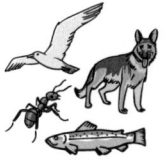

ζώα

ສັດ

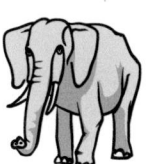

ελέφαντας

ຊ້າງ

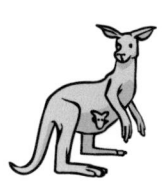

καγκουρό

ກັງກາຣູ

ρινόκερος

ແຮດ

γορίλας

ລີງໂທນໃຫຍ່

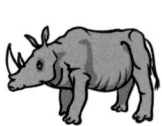

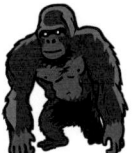

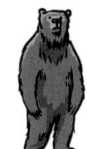

αρκούδα

ໝີ

καμήλα

ອູດ

στρουθοκάμηλος

ນົກກະຈອກເທດ

λιοντάρι

ສິງໂຕ

πίθηκος

ລິງ

φλαμίνγκο

ນົກຟລາມິງໂກ

παπαγάλος

ນົກແກ້ວ

πολική αρκούδα

ໝີຂົ້ວໂລກ

πιγκουίνος

ນົກເພັນກວິນ

καρχαρίας

ປາສະຫຼາມ

παγώνι

ນົກຍູງ

φίδι

ງູ

κροκόδειλος

ແຂ້

φύλακας ζωολογικού κήπου

ຜູ້ເບິ່ງແຍງສວນສັດ

φώκια

ແມວນ້ຳ

τζάγκουαρ

ເສືອຈາກົວ

πόνυ

ມ້າພັນນ້ອຍ

λεοπάρδαλη

ເສືອດາວ

ιπποπόταμος

ຮີບໂປ

καμηλοπάρδαλη

ໂຕຈິຣາຟ

αετός

ຫຍ່ວ

αγριογούρουνο

ໝູປ່າຕົວຜູ້

ψάρι

ປາ

χελώνα

ເຕົ່າ

θαλάσσιος ίππος

ຊ້າງນ້ຳ

αλεπού

ໝາຈອກ

γαζέλα

ກວາງນ້ອຍ

Αμερικάνικο ποδόσφαιρο
ອາເມລິກັນຟຸດບອນ

ποδηλασία
ຂີ່ລົດຖີບ

αντισφαίριση
ກິລາເທນນິສ

μπάσκετ
ບັສເກັດບອລ

κολύμβηση
ກິລາລອຍນ້ຳ

χόκεϋ επί πάγου
ກິລາຕີຄີເທິນນ້ຳແຂງ

πυγχαμία
ຊົກມວຍ

ποδόσφαιρο
ກິລາເຕະບານ

μπάντμιντον
ກິລາຕີດອກປີກໄກ່

στίβος
ກິລາປະເພດ ແລ່ນ
ເຕັ້ນແລະແກວ່ງ

χάντμπολ
ແຮນບອລ

σκι
ກິລາສະກີ

πόλο
ກິລາໂປໂລນ້ຳ

δραστηριότητες
ກິດຈະກຳ

γελάω
ຫົວ
πηδάω
ໂດດ
αγκαλιάζω
ກອດ
περπατάω
ຍ່າງ
τραγουδάω
ຮ້ອງເພງ
ονειρεύομαι
ຝັນ
προσεύχομαι
ໄຫວ້ພະ / ສວດມົນ
φιλάω
ຈູບ

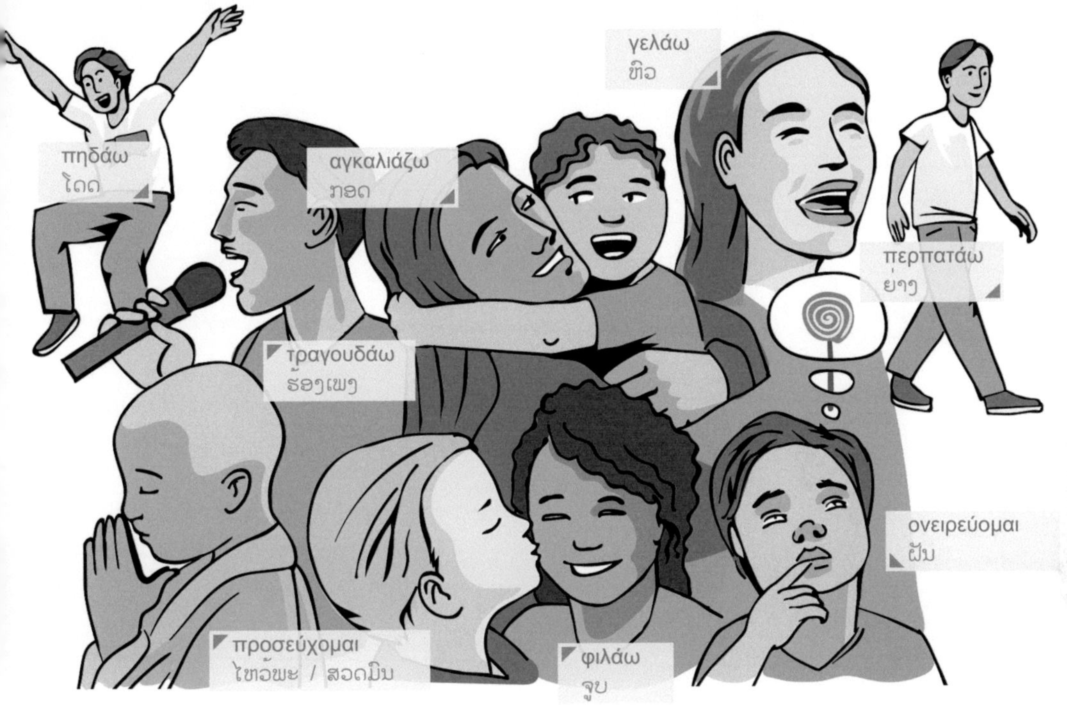

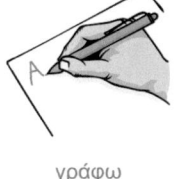

γράφω
ຂຽນ

σχεδιάζω
ແຕ້ມ

δείχνω
ສະແດງ

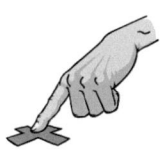

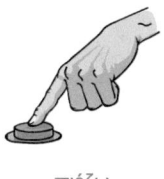

πιέζω
ຍູ້

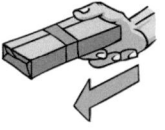

δίνω
ໃຫ້

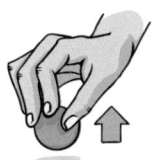

παίρνω
ເອົາໄປ

έχω

ມີ

κάνω

ເຮັດ

είμαι

ເປັນ

στέκομαι

ຢືນ

τρέχω

ແລ່ນ

τραβάω

ດຶງ

ρίχνω

ໂຍນ

πέφτω

ລົ້ມ

ξαπλώνω

ນອນຍຽດ

περιμένω

ລໍຖ້າ

κουβαλώ

ຫິ້ວ

κάθομαι

ນັ່ງ

φοράω

ແຕ່ງຕົວ

κοιμάμαι

ນອນຫຼັບ

ξυπνάω

ຕື່ນນອນ

κοιτάω

ເບິ່ງ

κλαίω

ຮ້ອງໄຫ້

χαϊδεύω

ລູບ

χτενίζω

ຫວີຜົມ

μιλάω

ລົມ

καταλαβαίνω

ເຂົ້າໃຈ

ρωτάω

ຖາມ

ακούω

ຟັງ

πίνω

ດື່ມ

τρώω

ກິນ

συγυρίζω

ຈັດໃຫ້ເປັນລະບຽບ

αγαπάω

ຮັກ

μαγειρεύω

ຖົ່ກິນ

οδηγώ

ຮັບລົດ

πετάω

ບິນ

κάνω ιστιοπλοΐα

ແລ່ນເຮືອ

υπολογίζω

ຄິດໄລ່

διαβάζω

ອ່ານ

μαθαίνω

ຮຽນຮູ້

δουλεύω

ເຮັດວຽກ

παντρεύομαι

ແຕ່ງງານ

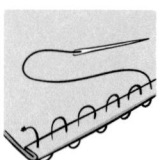

ράβω

ຫຍິບ

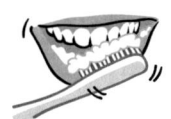

βουρτσίζω τα δόντια

ແປງຟັນ

σκοτώνω

ຂ້າ

καπνίζω

ສູບຢາ

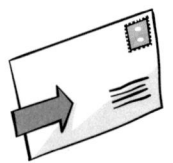

στέλνω

ສົ່ງ

οικογένεια
ຄອບຄົວ

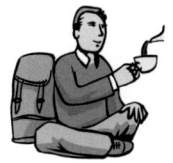

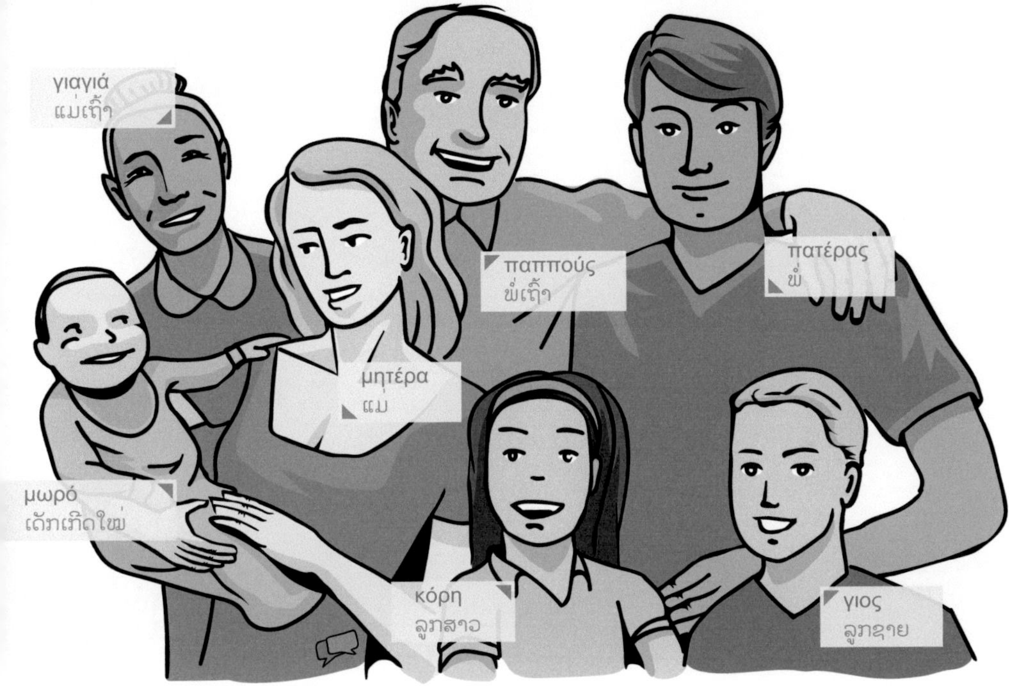

γιαγιά
ແມ່ເຖົ້າ
παππούς
ພໍ່ເຖົ້າ
πατέρας
ພໍ່
μητέρα
ແມ່
μωρό
ເດັກເກີດໃໝ່
κόρη
ລູກສາວ
γιος
ລູກຊາຍ

καλεσμένος

ແຂກ

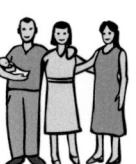

θεία

ປ້າ

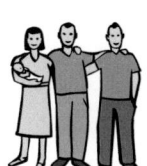

θείος

ລຸງ

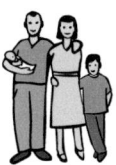

αδελφός

ອ້າຍນ້ອງ

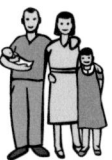

αδελφή

ເອື້ອຍນ້ອງ

σώμα
ຮາງກາຍ

μέτωπο
ໜ້າຜາກ
μάτι
ຕາ
ώμος
ບ່າໄຫຼ
δάχτυλο
ນິ້ວມື
πρόσωπο
ໃບໜ້າ
πιγούνι
ຄາງ
χέρι
ມື
πόδι
ຂາ
στήθος
ໜ້າເອິກ
βραχίονας
ແຂນ

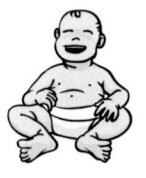

μωρό

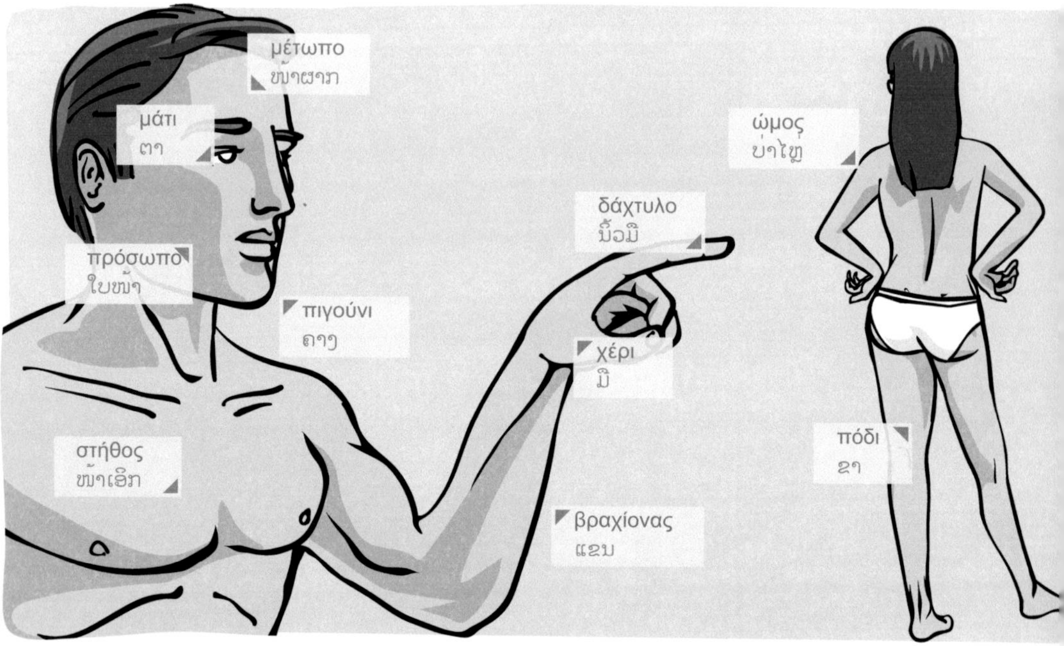

ເດັກເກີດໃໝ່

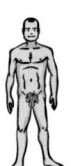

άνδρας

ຜູ້ຊາຍ

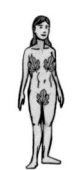

γυναίκα

ຜູ້ຍິງ

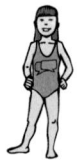

κορίτσι

ເດັກຍິງ

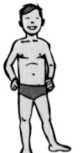

αγόρι

ເດັກຊາຍ

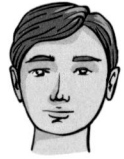

κεφάλι

ຫົວ

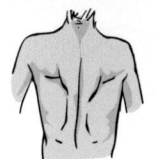

πλάτη

ຫຼັງ

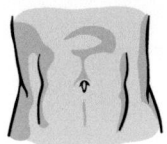

κοιλιά

ທ້ອງ

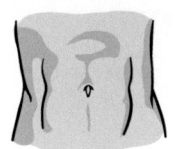

αφαλός

ສະບື

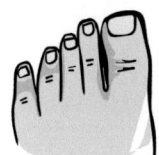

δάχτυλο ποδιού

ນິ້ວຕີນ

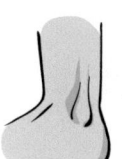

φτέρνα

ສົ້ນຕີນ

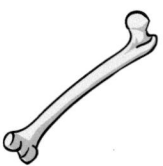

κόκκαλο

ກະດູກ

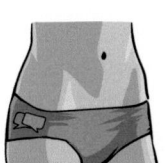

γοφός

ກະໂພກ

γόνατο

ຫົວເຂົ່າ

αγκώνας

ແຂນສອກ

μύτη

ດັງ

γλουτός

ກົ້ນ

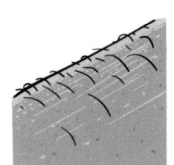

δέρμα

ຜິວໜັງ

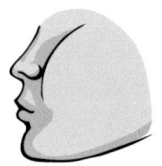

μάγουλο

ແກ້ມ

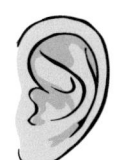

αυτί

ຫູ

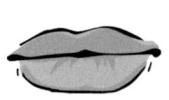

χείλος

ຮິມສົບ

στόμα

ປາກ

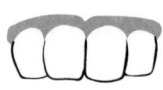

δόντι

ແຂ້ວ

γλώσσα

ລີ້ນ

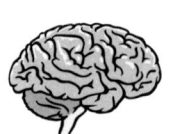

εγκέφαλος

ສະໝອງ

καρδιά

ຫົວໃຈ

μυς

ກ້າມເນື້ອ

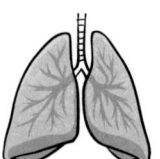

πνεύμονας

ປອດ

συκώτι

ຕັບ

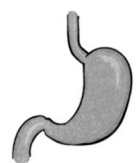

στομάχι

ກະເພາະ

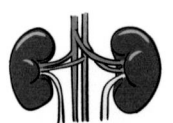

νεφρά

ໄຕ

σεξουαλική επαφή

ເພດສຳພັນ

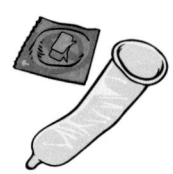

προφυλακτικό

ຖົງຢາງອະນາໄມ

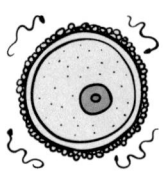

ωάριο

ເຊລສືບພັນ

σπέρμα

ນ້ຳອະສຸຈິ

εγκυμοσύνη

ການຖືພາ

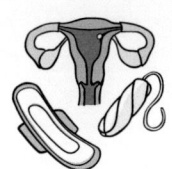

περίοδος

ປະຈຳເດືອນ

γυναικείος κόλπος

ຊ່ອງຄອດ

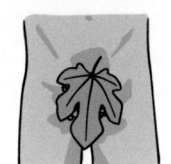

πέος

ອະໄວຍະອະເພດຊາຍ

φρύδι

ຄິ້ວ

μαλλιά

ເສັ້ນຜົມ

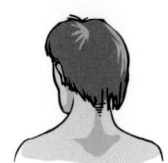

λαιμός

ຄໍ

νοσοκομείο
ໂຮງໝໍ

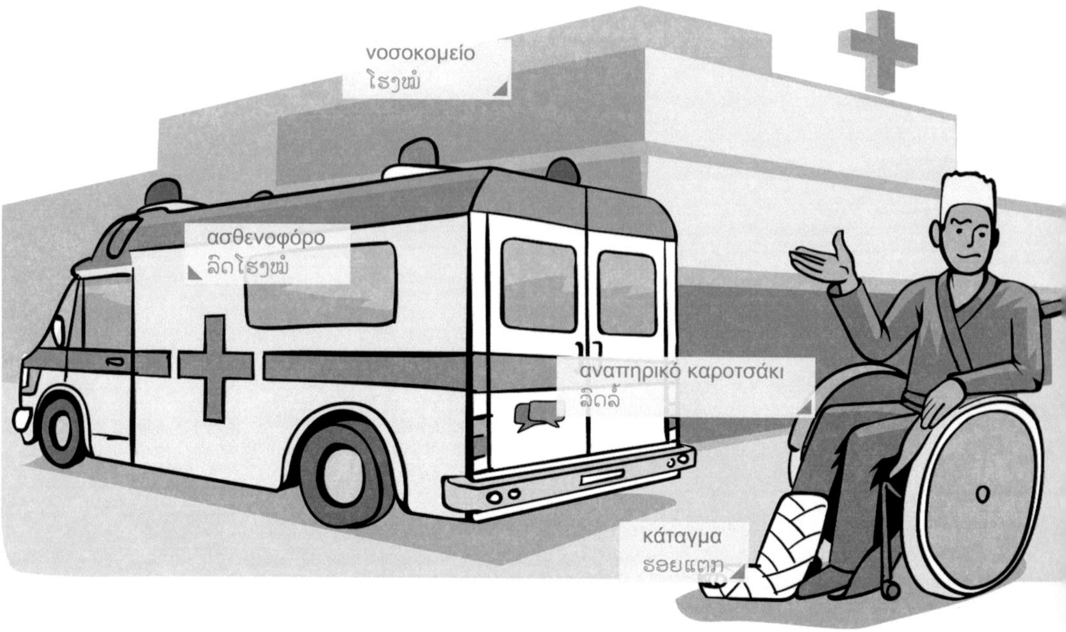

νοσοκομείο
ໂຮງໝໍ
ασθενοφόρο
ລົດໂຮງໝໍ
αναπηρικό καροτσάκι
ລົດລໍ້
κάταγμα
ຮອຍແຕກ

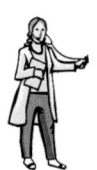

γιατρός

ທ່ານໝໍ

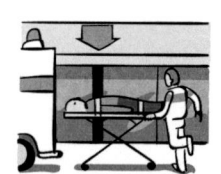

μονάδα εντατικής θεραπείας

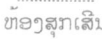

ຫ້ອງສຸກເສີນ

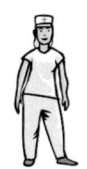

νοσοκόμα

ພະຍາບານ

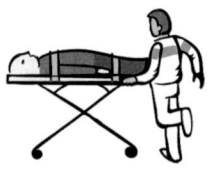

έκτακτη ανάγκη

ສຸກເສີນ

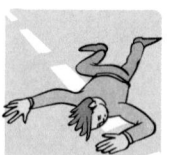

λιπόθυμος

ໝົດສະຕິ

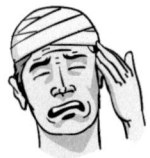

πόνος

ອາການເຈັບປວດ

τραύμα

ການບາດເຈັບ

αιμορραγία

ເລືອດໄຫຼ

έμφραγμα

ຫົວໃຈວາຍ

εγκεφαλικό

ໂຣກຫຼອດເລືອດໃນສະໝອງ

αλλεργία

ອາການແພ້

βήχας

ໄອ

πυρετός

ໄຂ້

γρίπη

ໄຂ້ຫວັດ

διάρροια

ຖອກທ້ອງ

πονοκέφαλος

ເຈັບຫົວ

καρκίνος

ໂຣກມະເລງ

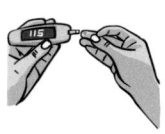

διαβήτης

ພະຍາດເບົາຫວານ

χειρουργός

ໝໍຜ່າຕັດ

νυστέρι

ມີດຜ່າຕັດ

εγχείρηση

ການຜ່າຕັດ

αξονική τομογραφία

ເຄື່ອງເອັກເຊີເຣຄອມພິວເຕີ

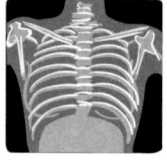

ακτινογραφία

ເອັກຊ໌-ເຣ

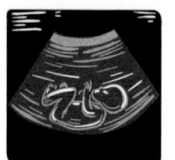

υπέρηχος

ອຸລຕຣາຊາວ (ultrasound)

μάσκα

ໜ້າກາກອະນາໄມ

ασθένεια

ພະຍາດ

αίθουσα αναμονής

ຫ້ອງລໍຖ້າ

πατερίτσα

ໄມ້ຄໍ້າຂໍ້ແຮ້

χάνσαπλαστ

ຜ້າຢາງຕິດບາດ

επίδεσμος

ຜ້າພັນແຜ

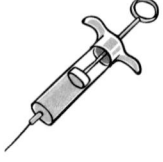

ένεση

ສັກຢາ

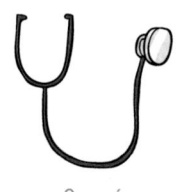

στηθοσκόπιο

ເຄື່ອງຟັງປອດຫົວໃຈ

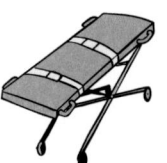

φορείο

ເປທາມຄົນເຈັບ

θερμόμετρο

ບາໝອດວັດໄຂ້

γέννηση

ການເກີດ

υπέρβαρο

ນ້ຳໜັກເກີນ

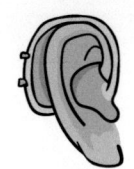

ακουστικό βαρηκοΐας

ເຄື່ອງຊ່ວຍຟັງ

αντισηπτικό

ນໍ້າຢາຂ້າເຊື້ອ

λοίμωξη

ການຕິດເຊື້ອ

ιός

ເຊື້ອໄວຣັສ

HIV/AIDS

HIV / ເອດສ໌

φάρμακο

ຢາ

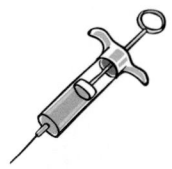

εμβολιασμός

ການສັກວັກຊີນ

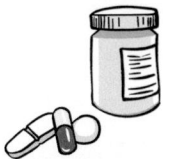

δισκία

ຢາເມັດ

χάπι

ຢາເມັດ

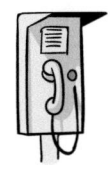

κλήση έκτακτης ανάγκης

ໂທອອກສຸກເສີນ

πιεσόμετρο αίματος

ເຄື່ອງວັດຄວາມດັນເລືອດ

άρρωστος / υγιής

ໄຂ້ / ສຸຂະພາບດີ

Βοήθεια!
ຊ່ວຍດ້ວຍ!

συναγερμός
ສັນຍານເຕືອນໄພ

βιαιοπραγία
ການທຳຮ້າຍຮ່າງກາຍ

επίθεση
ການໂຈມຕີ

κίνδυνος
ອັນຕະລາຍ

έξοδος κινδύνου
ທາງອອກສຸກເສີນ

Φωτιά!
ໄຟໄໝ້!

πυροσβεστήρας
ບັ້ງດັບເພີງ

ατύχημα
ອຸປະຕິເຫດ

κουτί πρώτων βοηθειών
ຊຸດປະຖົມພະຍາບານຊັ້ນຕົ້ນ

SOS
ສັນຍານຂໍຄວາມຊ່ວຍເຫຼືອ

αστυνομία
ຕຳຫຼວດ

Ευρώπη

ເອີຣົບ

Βόρεια Αμερική

ອາເມລິກາເໜືອ

Νότια Αμερική

ອາເມລິກາໃຕ້

Αφρική

ອາຟຣິກາ

Ασία

ເອເຊຍ

Αυστραλία

ອອສເຕຣເລຍ

Ατλαντικός Ωκεανός

ແອດແລນຕິກ

Ειρηνικός Ωκεανός

ປາຊີຟິກ

Ινδικός Ωκεανός

ມະຫາສະໝຸດອິນເດຍ

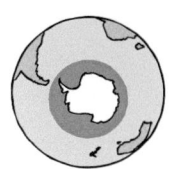

Ανταρκτικός Ωκεανός

ມະຫາສະໝຸດແອນຕາຣຕິກ

Αρκτικός Ωκεανός

ມະຫາສະໝຸດອາກຕິກ

Βόρειος Πόλος

ຂົ້ວໂລກເໜືອ

Νότιος Πόλος

ຂົ້ວໂລກໃຕ້

Ανταρκτική

ແອນຕາຕິກາ

Γη

ໂລກ

γη

ດິນ

θάλασσα

ທະເລ

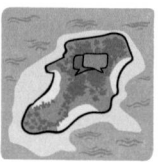

νησί

ເກາະ

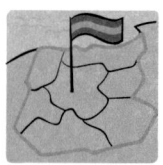

έθνος

ຊາດ / ປະເທດຊາດ

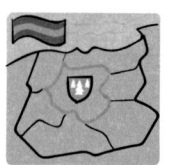

πολιτεία

ລັດ

καντράν ρολογιού

ໜ້າປັດໂມງ

ωροδείκτης

ເຂັມໂມງ

λεπτοδείκτης

ເຂັມນາທີ

δείκτης δευτερολέπτων

ເຂັມວິນາທີ

Τι ώρα είναι;

ຈັກໂມງແລ້ວ?

ημέρα

ວັນ

χρόνος

ເວລາ

τώρα

ຕອນນີ້

ψηφιακό ρολόι

ໂມງດິຈິຕອລ

λεπτό

ນາທີ

ώρα

ຊົ່ວໂມງ

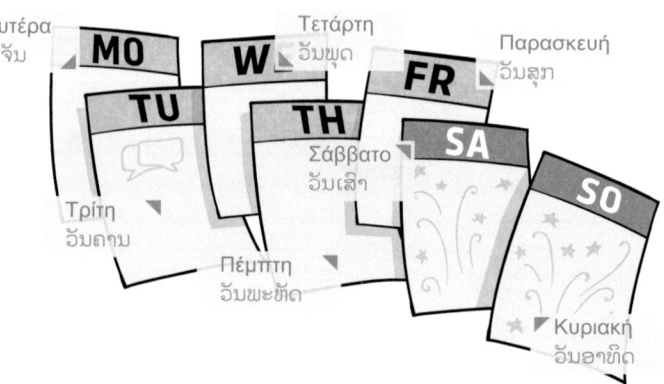

Δευτέρα
ວັນຈັນ

Τετάρτη
ວັນພຸດ

Παρασκευή
ວັນສຸກ

Τρίτη
ວັນຄານ

Σάββατο
ວັນເສົາ

Πέμπτη
ວັນພະຫັດ

Κυριακή
ວັນອາທິດ

χθες
ມື້ວານນີ້

σήμερα
ມື້ນີ້

αύριο
ມື້ອື່ນ

πρωί
ຕອນເຊົ້າ

μεσημέρι
ຕອນທ່ຽງ

βράδυ
ຕອນແລງ

εργάσιμες ημέρες
ວັນເຮັດວຽກ

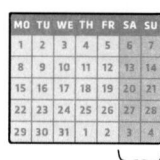

Σαββατοκύριακο
ທ້າຍສັບປະດາ

βροχή
ຝົນຕົກ

ουράνιο τόξο
ຮຸ້ງກິນນ້ຳ

άνεμος
ລົມ

χιόνι
ຫິມະ

άνοιξη
ລະດູໃບໄມ້ຜີ່ງ

φθινόπωρο
ລະດູໃບໄມ້ຫຼົ່ນ

καλοκαίρι
ລະດູຮ້ອນ

χειμώνας
ລະດູໜາວ

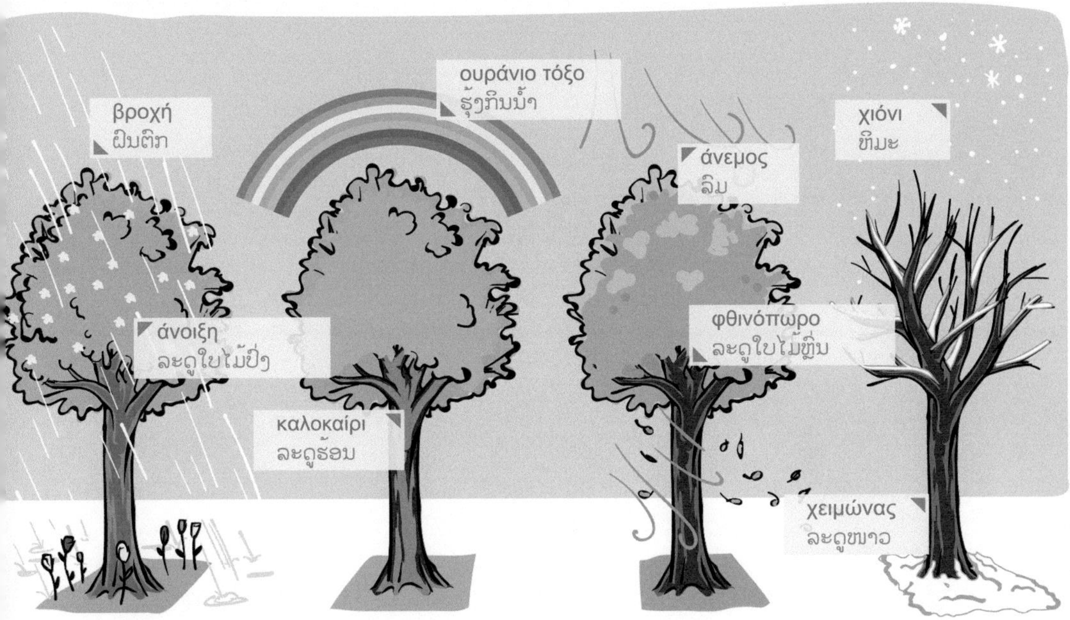

πρόγνωση καιρού
ການພະຍາກອນອາກາດ

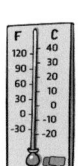

θερμόμετρο
ເຄື່ອງວັດອຸນຫະພູມ

λιακάδα
ແສງແດດ

σύννεφο
ຟ້າເມືອ

ομίχλη
ໝອກ

υγρασία
ຄວາມຊຸ່ມ

αστραπή

สายฟ้าแມบ

κεραυνός

ฟ้าธ้อງ

καταιγίδα

ພະຍຸ

χαλάζι

ໝາກເຫັບ

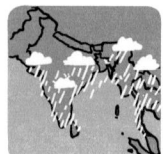

μουσώνας

ລົມມໍລະສຸມ

πλημμύρα

ນ້ຳຖ້ວມ

πάγος

ນ້ຳກ້ອນ

Ιανουάριος

ມັງກອນ

Φεβρουάριος

ກຸມພາ

Μάρτιος

ມີນາ

Απρίλιος

ເມສາ

Μάιος

ພຶດສະພາ

Ιούνιος

ມິຖຸນາ

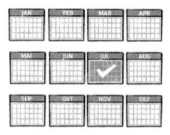

Ιούλιος

ກໍລະກົດ

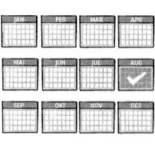

Αύγουστος

ສິງຫາ

Σεπτέμβριος

ກັນຍາ

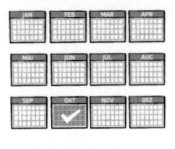

Οκτώβριος

ຕຸລາ

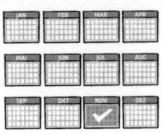

Νοέμβριος

ພະຈິກ

Δεκέμβριος

ທັນວາ

σχήματα

ຮູບຮ່າງ

κύκλος

ວົງມົນ

τετράγωνο

ສີ່ຫຼ່ຽມ

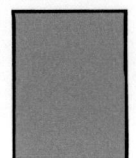

ορθογώνιο
παραλληλόγραμμο
ຮູບສີ່ຫຼ່ຽມມຸມສາກ

τρίγωνο

ສາມຫຼ່ຽມ

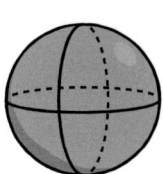

σφαίρα

ໜ່ວຍກົມ

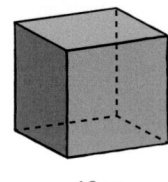

κύβος

ຮູບສີ່ຫຼ່ຽມມີນທິບ

χρώματα
ສີ

άσπρο
ສີຂາວ

κίτρινο
ສີເຫຼືອງ

πορτοκαλί
ສີສົ້ມ

ροζ
ສີບົວ

κόκκινο
ສີແດງ

μωβ
ສີມ່ວງ

μπλε
ສີຟ້າ

πράσινο
ສີຂຽວ

καφέ
ສີນ້ຳຕານ

γκρι
ສີເທົາ

μαύρο
ສີດຳ

πολύ / λίγο

ຫຼາຍ / ນ້ອຍ

θυμωμένος / ήρεμος

ໃຈຮ້າຍ / ໃຈເຢັນ

όμορφος / άσχημος

ງາມ / ຂີ້ຮ້າຍ

αρχή / τέλος

ການເລີ່ມຕົ້ນ / ການສິ້ນສຸດ

μεγάλος / μικρός

ໃຫຍ່ / ນ້ອຍ

φωτεινός / σκοτεινός

ແຈ້ງ / ມືດ

αδελφός / αδελφή

ນ້ອງຊາຍຜູ້ອ້າຍ /
ນ້ອງສາວຜູ້ເອື້ອຍ

καθαρός / λερωμένος

ສະອາດ / ເປື້ອນ

πλήρης / ατελής

ສຳເລັດ / ບໍ່ສຳເລັດ

ημέρα / νύχτα

ກາງວັນ / ກາງຄືນ

νεκρός / ζωντανός

ຕາຍ / ມີຊີວິດ

φαρδύς / στενός

ກວ້າງ / ແຄບ

βρώσιμος / μη βρώσιμος

ກິນໄດ້ / ກິນບໍ່ໄດ້

κακός / ευγενικός

ຂີ້ຮ້າຍ / ໃຈດີ

ενθουσιασμένος /
βαριεστημένος

ໜ້າຕື່ນເຕັ້ນ / ໜ້າເບື່ອ

παχύς / λεπτός

ອ້ວນ / ຈ່ອຍ

πρώτος / τελευταίος

ທຳອິດ / ສຸດທ້າຍ

φίλος / εχθρός

ເພື່ອນ / ສັດຕູ

γεμάτος / άδειος

ເຕັມ / ວ່າງເປົ່າ

σκληρός / μαλακός

ແຂງ / ນຸ້ມ

βαρύς / ελαφρύς

ໜັກ / ເບົາ

πείνα / δίψα

ຄວາມຫິວ / ຄວາມຫິວນ້ຳ

άρρωστος / υγιής

ໄຂ້ / ສຸຂະພາບດີ

παράνομος / νόμιμος

ຜິດກົດໝາຍ / ຖືກກົດໝາຍ

έξυπνος / χαζός

ສະຫຼາດ / ໂງ່

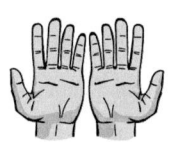

αριστερός / δεξιός

ຊ້າຍ / ຂວາ

κοντινός / μακρινός

ໃກ້ / ໄກ

αντίθετα - ກົງກັນຂ້າມ

καινούριος /
μεταχειρισμένος
ໃໝ່ / ໃຊ້ແລ້ວ

τίποτα / κάτι
ບໍ່ມີຫຍັງ / ບາງສິ່ງບາງຢ່າງ

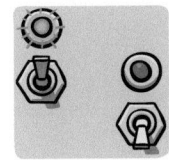

αναμμένος / σβηστός
ເປີດ / ປິດ

ανοιχτός / κλειστός
ເປີດ / ປິດ

χαμηλόφωνος /
μεγαλόφωνος
ງຽບ / ດັງ

πλούσιος / φτωχός
ຮັ່ງມີ / ຍາກຈົນ

σωστός / λανθασμένος
ຖືກ / ຜິດ

τραχύς / λείος
ບໍ່ລຽບ / ລຽບ

λυπημένος / χαρούμενος
ໂສກເສົ້າ / ດີໃຈ

κοντός / μακρύς
ສັ້ນ / ຍາວ

αργός / γρήγορος
ຊ້າ / ໄວ

υγρός / στεγνός
ປຽກ / ແຫ້ງ

ζεστός / δροσερός
ອົບອຸ່ນ / ໜາວເຢັນ

πόλεμος / ειρήνη
ສົງຄາມ / ສັນຕິພາບ

0
μηδέν
ສູນ

1
ένα
ໜຶ່ງ

2
δύο
ສອງ

3
τρία
ສາມ

4
τέσσερα
ສີ່

5
πέντε
ຫ້າ

6
έξι
ຫົກ

7
εφτά
ເຈັດ

8
οκτώ
ແປດ

9
εννιά
ເກົ້າ

10
δέκα
ສິບ

11
έντεκα
ສິບເອັດ

12
δώδεκα
ສິບສອງ

13
δεκατρία
ສິບສາມ

14
δεκατέσσερα
ສິບສີ່

15
δεκαπέντε
ສິບຫ້າ

16
δεκαέξι
ສິບຫົກ

17
δεκαεφτά
ສິບເຈັດ

18
δεκαοκτώ
ສິບແປດ

19
δεκαεννέα
ສິບເກົ້າ

20
είκοσι
ຊາວ

100
εκατό
ໜຶ່ງຮ້ອຍ

1.000
χίλια
ໜຶ່ງພັນ

1.000.000
εκατομμύριο
ໜຶ່ງລ້ານ

Αγγλικά

ພາສາອັງກິດ

Αμερικάνικα Αγγλικά

ພາສາອັງກິດແບບອາເມລິກັນ

Μανδαρίνικα Κινέζικα

ພາສາຈິນແມນດາຣິນ

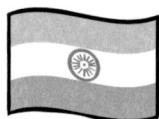

Χίντι

ພາສາຮິນດີ

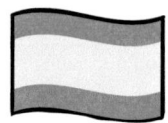

Ισπανικά

ພາສາສະເປນ

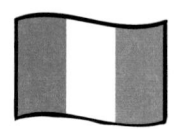

Γαλλικά

ພາສາຝຣັ່ງເສດ

Αραβικά

ພາສາອາຣັບ

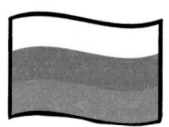

Ρώσικα

ພາສາຣັດເຊຍ

Πορτογαλικά

ພາສາປ໊ອກຕຸຍການ

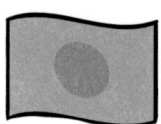

Μπενγκάλι

ພາສາແບງກາອນ

Γερμανικά

ພາສາເຍຍລະມັນ

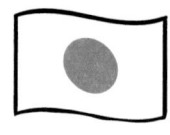

Ιαπωνικά

ພາສາຍີ່ປຸ່ນ

εγώ

ຂ້ອຍ

εσύ

ເຈົ້າ

αυτός / αυτή / αυτό

ລາວ (ຜູ້ຊາຍ) / ລາວ (ຜູ້ຍິງ) /
ມັນ

εμείς

ພວກເຮົາ

εσείς

ພວກເຈົ້າ

αυτοί / αυτές / αυτά

ພວກເຂົາ

ποιος / ποια / ποιο;

ໃຜ?

τι;

ແມ່ນຫຍັງ?

πώς;

ແນວໃດ?

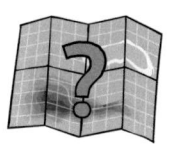

πού;

ຢູ່ໃສ?

πότε;

ເມື່ອໃດ?

όνομα

ຊື່

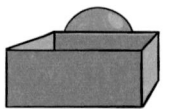

πίσω
ยู่ขาງຫຼັງ

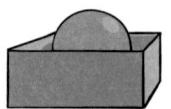

μέσα
ใน

μπροστά
ยู่ขาງໜ້າ

πάνω από
ເໜືອກວ່າ

πάνω
ยู่ເທິງ

κάτω
ยู่ກ້ອງ

δίπλα
ທາງຂ້າງ

ανάμεσα
ยู่ລະຫວ່າງ

μέρος
ສະຖານທີ່